슬픔은 나의 힘

공감과 치유 5집
손진원 동인 쾌유를 기도하는
13인 공동 시집

슬픔은 나의 힘

문화발전소

시작 노트 중에서

　　2021년 늦가을, 유방암 판정을 받았습니다. 한 해 걸러 숙제하듯 받던 건강검진을 통해 알게 되었지요. 공교롭게도 생일날 오른쪽 가슴의 전절제 수술을 받게 되었습니다. 나, 다시 태어나는 거야? 너스레를 떨었지요.
　　수술 후 첫 항암치료를 받으며 크게 고생해 한동안 정신이 없었습니다. 퍼뜩, 아프다고 나에게만 유예되는 올해가 아닌데, 하는 생각이 들었습니다. 아프면 아픈 대로 올해를 잘 보내야겠다고 생각했습니다. 그동안 해오던 대로 꾸준히 일기를 쓰고, 꾸준히 여행을 다니고, 꾸준히 책을 읽었습니다. 힘들 때는 쉬고, 덜 힘들면 또 하는 식이었습니다.
　　암 투병이 흔한 경험은 아니기에 어떤 식으로든 제대로 된 기록을 남기고 싶었습니다. '투병 시'라는 이름의 폴더로 시를 모아야겠다고 생각했어요. 하지만 한두 편 쓰고 흐지부지 되었더랬지요. 그러던 차에 동인지 권유를 받았습니다. 아! 나는 암투병을 주제로 시를 써야겠구나. 기회가 온 것이었습니다.
　　병을 겪으며 든 생각들을 거침없이 시로 적었습니다. 제게는 특별한 경험을 한 시기의 시적 기록이고, 날 것 그대로의 그 기록이 쉽게 읽히고, 저와 비슷한 경험을 하는 분들께 힘이 될 수 있다면, '공감과 치유'라는 우리 동인지의 취지에도 크게 어긋나지 않으리란 생각으로 용기를 내었습니다. 부디 시의 타이틀을 단 저의 기록이 함께 하는 다른 시인분들께 폐가 되지 않기만을 바랄 뿐입니다. - 손진원

　　그래도 나는 시의 사다리를 타고 오르는 것을 그만 둘 수 없다. 시와 반목할 때 시와 소원할 때 시가 내게서 떠나려 할 때 나는 고독하다. 시와의 화해의 날을 하루 늦추면 그만큼 나도 울적해진다. 세상과 화해하기 위해 나는 먼저 시와 친목해야 한다. -김병준

살면서 많은 경험 중에서 나에게 꽂힌 이야기가 시가 되어 세상으로 걸어 나온다.
때론 즐겁고 유쾌한 일들이 시의 소재가 되고 또는 소소한 생각들이 생명의 물이 되기도 한다. 자연을 노래하고 따뜻한 소통, 나눔, 배려로 아름다운 세상을 행복하게 그리고 싶었습니다.
공감과 치유의 언어로 행복의 온도가 일도라도 상승하시기를 기도합니다. *-김애란*

세상은 어쩌면 우리가 알지 못하는 곳으로 향하고 있는지도 모른다. 그렇지만 우리는 늘 그래왔던 것처럼 다시 우리를 마주 보자고 한다. 다시 따스한 눈길을 나눠야 한다. 우리가 서로 나누어지지 않기 위한 유일한 길은 서로 따스한 눈길, 손길을 따스한 언어를 나누는 것이다. 시의 세상이 사라지는 것이 두렵다. 너무 쉽게 너무 빨리 판단하고 평가하고 비난하고 몰아세우는 것이 두렵다. 시의 세상 안에 그들을 초대하고 싶다. *-김영아*

휴일이면 새우깡 들고 남편이랑 가까운 바다에 나가 갈매기랑 논다. 문득 엄마 생각에 슬퍼지면 펑펑 울기도 하다가 또 금방 엉뚱한 남편의 장난에 넘어가 깔깔거리며 산다. 살고 있다. 그리고 살아가겠지. 오늘은 유난히 맑은 하늘에 시 한 편 써야겠다. 시인이라는 이름이 부끄럽지 않도록. *-김영희*

살아간다는 것, 서로를 느끼고 공감하며 아파하는 것 속에서 화산섬을 다시 들여다본다. 작아서 외면당하면 안 되는 아름다운 것들을 바라본다. *-김충석*

인도의 바라나 시 강가 아이의 들뜬 발자국으로부터 아직
남아 있는 순수의 결을 추앙한다. 은유는 하나의 개별적 산물이
되기도 하지만 더 나아가 시의 구성분자인 동시에 세계로 뻗어
나가는 힘을 가졌다. 커피를 볶는 남자에서 "첫 콩이 되는
아픔으로 당신의 입술을 가졌다"처럼 따뜻한 이미지들을 끌어안고
싶다. -박이영

해거름에 노을빛 하늘을 바라보며 이제 따뜻한 커피 한 잔을
마시며 하루의 일상을 떠올려 그때그때의 감정을 주워 담았다.
인생은 아름다움을, 행복을 찾아서 걷고 달리고 뛰어다닐 때
감성의 사람이 되고 건강한 힐링이 되지 않을까? 자기가 할
일을 찾을 때가 행복한 것이라서 홀로의 시간 속 나는 마음의
여유로움으로 오늘도 따뜻한 시 한 편을 쓰고 있다. -신남춘

일상생활에서 부딪치며 뭔가 가슴에 쩡하고 오면 난 그대들을
상대로 시를 쓴다. 느리게 있는 듯 없는 듯, 살고 싶은 마음 시마가
찾아오면 시를 쓰고 마음을 차분하게 정화 시킬 수 있고 시는 내
마음에 늘 함께 하고 싶은 친구다. -안정윤

삶의 이야기를 퍼즐 맞춰 가듯 착한 방언을 찾을 때마다 살아
있음을 느낍니다. 저의 삶을 늘 공감해 주시는 '제이'라는 그분을
통해 치유를 경험한 저는, 풍성한 열매를 바라보는 눈빛이 기쁜
것처럼 여기 함께 만발하게 피워 있는 꽃- 시들을 보며 그대 마음도
분홍빛 사랑으로 따뜻함을 느낄 수 있었으면 좋겠고 사람들이
모두 참 행복했으면 좋겠습니다. -이정수

시를 쓰기 시작한 지가 꽤 되었는데도 그동안 써 놓았던 시를
다시 보면 설익은 것 같고 마음에 와 닿지 않는다. 더욱 시 쓰기를
정진하는 길 밖에는 방법이 없다는 것을 알게 되었다. *-이종범*

추억만 켜켜이 쌓이는 것이 삶인가 보다. 오는 사람도 있고
가는 사람도 많다. 온 사람 기운을 다 알지 못하는데 간 사람의
기운은 서둘러 빠지고 그리움으로 채우고 있다. 그리움은
아픔이다. 가을은 그리움이 더 깊어지는 계절로, 아픔이 추위를
깊게 할 것이다. 소소한 얘기가 추위를 이겼으면 좋겠다. *-임하초*

문득 귀뚜라미 소리가 들리면 별똥별을 올려다보고, 들국화
향기를 맡으면서 잊었던 사랑을 생각합니다. 한여름 밤에 퍼붓는
장대비를 헤치며 수멍을 막고 물꼬를 트러 가던 엄마 아버지의
모습도 눈에 선합니다. 발길 끊긴 임진강 초평도를 멀리서
바라보면서 이산가족의 아픔을, 반지하의 삶과 함께 느낍니다.
가을을 맞으며 허릅숭이가 아니라 고개 숙이는 벼 이삭에게 배우며
살아야겠다고 다짐합니다. *-홍찬선*

CONTENTS

시작노트 중에서 ▶ 4

김병준 ▶ 13
반 고흐에게 묻다/ 슬픔의 색깔/ 애견 마르치스2/
성북동 엘레지/ 오래된 미래/ 한발 재겨 디딜 곳/
고리울구름다리/ 덩굴장미

김애란 ▶ 25
브람스를 좋아하세요/ 채플 성당/ 만개/
이중섭 문학관에서/ 박경리 문학관에서/
강아지 미용/ 가의도/ 아빠 모자

김영아 ▶ 35
폭우/ 다르다는 것/ 보이스 피싱/ 꽃이 되어/
칠칠야밤/ 디아스포라/ 팬덤/ 감염

김영희 ▶ 45
석모도 노을에 덧칠하기/ 관곡지 연꽃에게/
이제는 내가 나를 키운다/
산다는 건 죽음 바로 곁에 있는 그림자/
어머니 가시는 오늘/ 보이지 않는 시간/
사랑한다는 말 대신에 피어/
살아야 할 이유를 만드는 중

김충석 ▶ 55
형벌의 섬/ 말이 고프다/ 잠망경/ 진실의 조각/
고뇌/ 움직이는 섬/ 그녀의 한 마디/ 화산섬에서

박이영 ▶ 65
커피를 볶는 남자/ 풍경/ 월아천/ 누운 평면/
꽃잎으로 해가 길어졌다/ 강가 아이/
살아 있는 날의 구도/ 몸은 답을 알고 있다

손진원 ▶ 75
네가 효자다/ 전쟁의 수순/ 나는 늘 나/
머리통의 수난/ 여행은 나의 힘/ 태엽인형/
암에 대처하는 자세/ 공짜 머리 하던 날/
정상인 듯 정상 아닌

신남춘 ▶ 93
바람과 함께/ 아침이 걸어서 온다/ 살다 보면/
아침이슬을 보며/ 고무줄을 당기면서/
집을 찾는다/ 자전거/ 백년의 사랑을 꿈꾸며

안정윤 ▶ 103
현충원 일기/ 동짓날/ 스펀지처럼/ 나오리 가면/
적은 돈을 쓰는 여자/ 양평 가는 길/ 우리 완두/
어머니 계신 곳

이정수 ▶ 115
남는 것/ 퍼즐 조각/ 가을의 주인/ 사랑의 비밀/
12월 연서/ 심장에 물든 사랑/ 그래도/
낮은 자의 기쁨

이종범 ▶ 125
이웃/ 러블리 스틸/ 뻘기/ 난초 수묵화/ 메꽃/
폭염/ 정/ 백발

임하초 ▶ 137
나는 시소를 타고 있다/ 구술봉이꽃/
감꽃은 왜 당당한가/ 전월산 바람/ 봄꿈/
사과와 시인/ 옷장/ 가을이 처음 올 때

홍찬선 ▶ 147
수명/ 엄마네한식당/ 허릅숭이/ 사랑이여/ 별똥별/
들국화/ 초평도/ 반지하

김병준

'월간시' 추천시인상 당선(2017)
서울시인협회 시문학회장 역임(2020)
제1회 자유민주시인상 수상(2020)

〈시작메모〉
작년 시월, 빈센트 반 고흐의 작품에 매료되고 있을 무렵, 애견 마르치스를 보내야
했다. 녀석은 산책을 나간 둘레길의 덩굴장미 울타리를 따라 오종종 걸어가길
좋아했다. 장미에 대한 내 혼의 집착이 한껏 피고 졌을 때 녀석은 별안간 눈을
감았다. 그와 함께 고리울구름다리를 얼마나 많이 건넜던가 기어이 떠나야 할
것들은 내 의지와 상관없이 떠난다. 속죄양의 지위를 잃지 않으려는 나의 수고는
때론 가엾고 서럽다. 스스로 제물 삼아도 시가 나를 구원할 수 없음에도… 그래도
나는 시의 사다리를 타고 오르는 것을 그만 둘 수 없다. 시와 반목할 때 시와
소원할 때 시가 내게서 떠나려 할 때 나는 고독하다. 시와의 화해의 날을 하루
늦추면 그만큼 나도 울적해진다. 세상과 화해하기 위해 나는 먼저 시와 친목해야
한다. 시혼이 내게서 떠나는 날 나도 사라지게 될 것이다. 신기루처럼 눈앞에
어른거리는 환영들, 아름다운 시의 꽃은 내 안에서 늘 피고 지리라. 시의 장미,
그 혼의 꽃이여!

반 고흐에게 묻다

별이 빛나는 밤
Starry night를 들으면,
필연 나는 의문이 떠오르네

보이는 대로의 색이 아닌
느낀 대로의 색을 쓴 것에 대해
해바라기에 대해 고갱에 대해
아를의 '붉은 포도밭'이
처음으로 팔렸던 소감에 대해
즐겨 마셨던 압셍트 독주에 대해
아를의 그림들에 대해

동생 테오에게 빚을 갚지 못하면
영혼을 주겠다는 것에 대해
폴 고갱과 다툰 뒤
왼쪽 귀가 잘린 것이 자해였는지
그때의 격정에 대해
'까마귀 나는 밀밭'을 그린 후
권총 자살이란 낭설에 대해
죽은 형의 이름을 물려받아
죽도록 그림에 열정을 쏟다가
죽어서야 비로소 꿈을 이룬 화가,
골고다의 언덕을 걸었던 그분처럼
자신의 그림으로 십자가를 삼은
당신은 당신은…

슬픔의 색깔
— 빈센트 반 고흐

나는 보네,
하늘에서 쏟아지는 나의 슬픔을
백향목 잇댄 천장을 뚫고
베개에 이불에 마루바닥에
떨어지는 슬픔을,
침대 위에서
망연히 바라보네
만삭되지 못한 나의 흰 뼈들이
감청색 물감에 빠져 옹알거리네
눈물인지도 모를 짙푸른 액체,
그 중심에 희끄무레한 생명이
선회하며 솟구치려 하네

난생 처음으로
슬픔의 얼굴을 보네
뭉클 뭉클 희석된 아픔들이
서로 엉겨 붙어 있네

애견 마르치스 2

널 보낸 날 밤에
어둠이 따라와 한 방에 누웠다
울음처럼 윙윙거리는 바람

넌 무엇 하러 이 밤에
잡힐 듯 말 듯한 한 몸짓으로
흰 꼬릴 살갑게 흔드느냐

울지도 웃지도 않는 얼굴,
어느 하늘 아래 넋이 되어
사뭇 잠 못 들게 하느냐

미쁜 혼아, 꿈이라도 꾸자
이보다 더 좋은 세상은 없었다고
다시는 없을 것이라고

성북동 엘레지

목숨 다해 아꼈노라고
진실로 속 깊이 묻어 둔 말
풀어놓지 못했음을 알았을 때
너는 돌아올 수 없는
강을 건넜네

풀벌레 울어 새는 여름밤
너는 어느 숲 그늘로 숨어버리고
봄볕 따스한 미소도 지워졌네
꽃과 별과 하늘이 잿빛인 줄
그때 알았네

그래도 사랑은 아름다운 고행,
때맞춰 어김없이 피는 꽃인 양
성북동을 지나면 향낭 하나 터지네
나를 사랑하신 그 사랑이
네 안에도 넘치나 보네

오래된 미래

오래된 미래에는

꽃눈들이 기지개를 켜리라

깊은 산사山寺에서

홀로 피는 자목련처럼

나의 목마름 같은

애잔한 봄날,

언젠가는 피어날

서럽도록 아름다운 꽃봉오리

나의 오래된 미래에는

한 발 재겨 디딜 곳

왕모당* 섬돌에 걸터앉아 눈을 드니
병풍 친 듯 펼쳐진 갈선대* 산자락,
해발 648미터 고지에는
'절정'이 봄바람에 실려 오고
배암처럼 휘몰아치는 낙동강 지류
저만치 아득하다

'매운 계절의 채찍' 견디며
'어데다 무릎을 꿇어야'할지
가쁜 숨 몰아쉬며 올랐을 왕모산,
그 시절 2 6 4가 빙의된 듯
'한 발 재겨 디딜 곳조차 없는 겨레
먹먹한 마음이 절로 차오른다

하마 100년의 풍상이라도 겪어
아픈 줄도 아플 줄도 초월한 듯
왕모당 앞 비탈에 뿌리내린 소나무
붓꽃 한 송이, 무릇 한 포기
눈에 넣어도 아프지 않았으리

육사는 죽어도 살아있다고
홀로 굽이쳐 노래하는 낙동강

가시덤불 속에서 절정을 썼던 갈선대는

아직 청춘인 듯 끄떡없는데

산바람 봄바람에도 숨찬 나는,

절정으로 치닫는 남북 사이에서

한 발 재겨 디딜 곳을 찾고

*왕모당(王母堂) : 공민왕을 구한
장수를 기리는 사당

*갈선대: 안동 왕모산에 있는 바위

고리울구름다리*

저 다리 끝에는 다른 세상이려니
보일 듯 말 듯 낯선 다리 위
내 걸음은 자꾸 멈칫거린다
소찬素饌 하나 챙길 겨를 없이
너울 치는 세월,

고리울구름다리, 내 다리 밑엔
경인고속도로가 하염없이 누워있다
느리거나 빠르거나 뉘 탓하지 않는 길
너는 맹렬 수행하는 와불臥佛이렷다

고리울구름다리 건너는 것은
꿈꾸는 다른 세상으로 가는 거다
콰이강의 다리, 영국군 포로처럼
휙 휙 휘리릭 휘파람 불며

*고리울구름다리; 부천 고강선사유적공원과 범바위산을 연결하는 보행교

덩굴장미

나의 장미, 너는
시든 비애다
밤하늘에 핀 별빛이다
반 고흐의 사랑하는 여인이다
꽃잎처럼 속살에 차 있는
채워지지 않은 욕망의 넝쿨,
너는 인수분해 되지 않는
난해한 수학이다

나의 장미여 너는 또
마시지 않으면 안 될 독배,
이글거리는 7월에
늙은 물푸레나무 가지를 흔드는
검붉은 바람이다

김애란

'월간시' 추천시인상 당선(2018).
수필가. '여행문화' 작가.
'황진이문학상' 최우수상 수상
시집 〈하늘빛 닮은 원석으로〉
전자시집 〈새들처럼 노래하다〉

〈시작메모〉
살면서 많은 경험 중에서 나에게 꽂힌 이야기가 시가 되어 세상으로 걸어 나온다.
때론 즐겁고 유쾌한 일들이 시의 소재가 되고 또는 소소한 생각들이 생명의 물이
되기도 한다. 자연을 노래하고 따뜻한 소통, 나눔, 배려로 아름다운 세상을
행복하게 그리고 싶었습니다. 공감과 치유의 언어로 행복의 온도가 일도라도
상승하시기를 기도합니다.
"꿈꾸는 대로 이루어진다." 하고 싶은 일을 하면서 행복을 꿈꾸세요. 밝은 웃음은
좋은 에너지를 끌어당긴다고 생각합니다. 이 글을 읽는 분들 꼭 행복 가득한
일들만 넘치시기를 기원합니다.

브람스를 좋아하세요

거인 베토벤 발자취를
등 뒤에서 들으며

영혼을 울리는 작은 메아리들을
정신 깨우는 음악으로 승화시키고

첼로의 선율을 타고서
클라라에게 사랑을 고백하지만

받아 줄 수 없는 마음은
비올라 선율에 흐르고

잔잔한 피아노 소리에
미안함도 흐르고

비 오는 아침,
그 음악을 들으며
'자유롭지만 행복하게'를
음미하며 마시는 진한 에스프레소

채플 성당

샐빛이 아름다운 동쪽
사진작가들이 사랑하던 갯벌
검은 속살 속에 해양 생명 저장한 동검도

지금은,
부모님 찾듯
검색어 일위로
십자가 고상 건물 밖 풍광과
안쪽 스테인그라스 작품으로 따뜻한

나팔꽃 넝쿨 타고 올라
두 손 모아 우러러 기도하는
동검도 채플 성당

만개

분홍빛으로
물들이면서 피는 꽃

힘차게 위로 위로
우듬지까지
생명수 올리는 층층나무
수액 소리 한 옥타브 높아지면
책가방 안고 잠을 설친 조카는 일 학년

빙하가 녹고
설산에서 눈 녹아 흐르는
천 년의 수정처럼
맑은 물 청아한 소리로 봄은 온다

초롱초롱 매달린 꽃망울들
햇살에 피는 날이
꿈꾸는 화려한 봄날
생명의 신비로 맺혀진 환희다

이중섭 문학관에서

담뱃갑 은박지가 예술로 태어나다

사랑하던 여인
구애의 황소 그림도
사랑하던 아들들과의 모습도
환하게 웃는 은빛 그림 속 제주살이

아로새긴 윤슬 같은 가족애
도슨트의 잔잔한 어조에
슬픈 환한 미소가 먹먹하다

단칸방 치열한 삶을
담배연기로 태우고

황소의 기운찬 위상까지

천진한 아들들과 부인의 모습
제주 바닷바람 맞으며
밝게 웃는 모습으로
지금까지 살아 있다

박경리 문학관에서

버리고 갈 것만 남아서
홀가분하다는 여인

힘든 고난의 시기를
글 기둥 붙잡고 연자매 돌리 듯
낮을 밤처럼
밤을 낮처럼
처연하게 보낸 불멸의 여인

쉬지 않는 연주가처럼
감각의 섬세함을 위해
불협화음도
연주하며 다듬어 가듯
인생 고난 넘어선 여인

글감각과 사유의 깊이가 흐트러지지 않게

강아지 미용

강아지 해리가 더워서 가쁜 숨소리를 낸다
무심하게 지나치면서 내 볼 일만 보고 다녔다
말도 못 하고 긴 털 머리만 묶어 주어도
고맙다고 쭉쭉이 애교로 여우짓을 한다
놀면서 시간을 보내라고
강아지 모습의 인형과 소리 나는 뼈다귀 인형과
음악까지 틀어 주었으니 호강하는 강아지라 생각했다

드디어 털을 밀면서 드러나는 코 주변의 부풀어 오른 상처
머리를 너무 세게 묶어서 붉어진 피부
인내라는 단어가 맴맴 돈다
짐승으로 태어나서 말도 못 하고
참고 있었을 너를 보고
사소한 것들도 담아두지 못하고 다 쏟아내고 있었던 감정들

강아지 미용으로 개운해 하는 너를 보고
마음속의 속상함과 까칠해진 마음들도, 말들도
강아지 미용처럼 예쁘게 다듬고 매만지리

가의도

동백 꽃길을 걸으며 즐기는 오후
달래가 지천으로 널려 있는 가의도

보라와 파랑이 뒤섞인 현호색
여인의 미소 닮은 들꽃
육쪽마늘 일렬종대 차렷자세로 서 있는
안구가 정화되는 싱그러운 섬

길 가장자리 핀 수선화
맑은 햇살 하늬바람
노랑 손수건 흔드는 소녀의 모습
450년 동안 마을 중심에 자리하고
가부좌 틀고 앉아 있는
터줏대감 은행나무

한곳에 자리한 은행나무 누구를 기다리고 있을까?

아빠 모자

아이는 아빠 모자를
쓰면서 어른을 동경했다
넓은 어깨와 커다란 키에
모자 쓴 아빠 모습을 닮고 싶었다
월계관인 양 아빠 모자를 몰래 써 보곤
웃음 짓던 아이는 어른이 되었다
어른이 되고 싶었던 아이는
선장이 항해하듯
험한 파도는
바람에 몸을 맡기고
사나운 폭풍에
돛을 내렸다 올리며
때를 기다리는 진정한 사나이의 모습이 되었다

어른이 되어서도 아이는 가끔씩 아빠 모자를 써 본다

김영아

'월간시' 추천시인상 당선(2021)
현재 창의융합인생재개발 원장
녹색교육진흥회 사무국장

⟨시작메모⟩
나에게 시詩는 자연과 세상에 다가가는 소통의 언어다. 하지만 내 속에 머무는 것이 두려울 때가 있다. 세상은 여전히 어딘가 아프고 현대인에게 있어 시는 너무나 멀리 있는 것만 같다. 세상이 더 나아졌다고 하지만 여전히 우린 재앙이나 재난 앞에 나약하기만 하다. 더우면 더워서 어딘가 아프고 추우면 추워서 어디가 아프고 비가 쏟아지면 또 이 땅 어딘가가 아프고 더 나아가 저쪽 세상이 불타고 누군가 고통 속에 잠겨있는 사건들과 마주한다. 우리는 또 우리를 서로 미워하고 편 가르고 자신이 옳다고 주장하기에만 바쁘다. 나에게 詩는 우리가 마주한 이 세상의 문제들을 더 주목하는 길이다. 자연이 가져오는 재난과 우리가 서로를 몰아세우는 이 고통으로부터 우리가 깨어나길 기도하는 작은 외침인지도 모른다. 세상 어딘가에서 아파하고 있을 우리에게 찾아가는 길은 외롭지 않다.
자꾸만 진정성이 사라지는 가상의 세상이 현실처럼 느껴지는 때가 있다. 세상은 어쩌면 우리가 알지 못하는 곳으로 향하고 있는지도 모른다. 그렇지만 우리는 늘 그래왔던 것처럼 다시 우리를 마주 보자고 한다. 다시 따스한 눈길을 나눠야 한다. 우리가 서로 나누어지지 않기 위한 유일한 길은 서로 따스한 눈길, 손길을 따스한 언어를 나누는 것이다. 시의 세상이 사라지는 것이 두렵다. 너무 쉽게 너무 빨리 판단하고 평가하고 비난하고 몰아세우는 것이 두렵다. 시의 세상 안에 그들을 초대하고 싶다. 그리고 잠시 내려놓고 조용히 마주하는 그런 세상을 꿈꿔본다.

폭우 暴雨

가진 게 없는
사람들이 사는 마을로
재난災難이 찾아 든다
더 나아진 세상에서는
재난도 대상을 가리지 않는다고

기후의 위기는 이제
빈곤과 선진先進을 가리지 않는다지만
가진 게 없는
가난한 이들 곁에서
더 매섭고 잔인하다
예고 없이 찾아드는 폭우,
연약한 지반地盤을 흔들고
삶의 지경을 무너뜨린다

겨우 버티던 삶의 자리들이
강물 위로 떠내려간다
오래도록 꿈꾸던 소박한 소망들이
구르는 돌 사이에서 짓이겨 진다
그래도 고맙다
그 밤을 지나 여기 마주한
살아 숨 쉬는 당신이,
나는 고맙다
삶의 자리보다 꿈꾸던 소망보다
당신이 소중하다.

다르다는 것

나와 다르다는 것이
삶을 살아가는 일에
장애가 되는 세상에서

좀 더 자유로운 육체를 가졌고
좀 더 유연한 영혼을 가진 내가
단지 조금 더 불편한 너를
몰아세운다
나와 비슷한 사람들이 주인인 세상에서
너는 불편함에 익숙해지고
나와 다르다는 이유만으로
우리와 다르다고 단정 짓고 말았다
그분의 세상에서
주인 행세를 하던 나와 우리가
그 누구도 온전하지 못하다는
사실을 마주하게 된 그날
우린 서로 다르다는 사실에서
위로를 얻는다
우린 서로 다르다는
같은 점을 가졌다

너와 다르다는 것이
삶을 살아내는 일에
고통이 되고 말았다
너는 조금
다를 뿐이었다.

보이스피싱

어디요?
"어머니 나요"
응, 어디?
"어머니 나란 말이요. 지금 죽게 생겼으니
나 살게 돈 좀 보내주시오"
응? 돈?
"통장 번호 찍어 드릴라니 보내주시오. 좀"
그래? 아이고 죽었소 살았소 기다려보시오
"지금 되겠어요? 어서 은행마감 전에 나가서야 하는디"
응? 은행? 기다려보시오. 내 준비 좀 하고
"얼른 준비하시고 나가서 나 좀 살려주시오"
응? 근디 우리 거시기 맞소?
"목소리 들으면 모르요. 나요 나니께 어서 보내주시오"
응, 아이고 고맙소 살아만 있으면 되제
"너무 급해서 그렁께 어서 좀 보내주시오"
내 그리 안 기다렸겠소. 가서 만날 날을
"이 번호로 내가 통장 찍어 줄께요"
무슨 소리다요. 그냥 살아있어 고마웅께 쪼매 기다리시오
"얼마나 되겠소?"
뭔 얼마요. 지금 바로 되제
"은행가고 있소?"
돈 들고 가고 있응께 쪼매 더 기다리시오
"얼릉 해주시오"

"순이 어매 어디 나가시오?"
"응, 5.18때 죽은 우리 아들이 연락왔제. 나 급허요"
"죽일 놈들….".

꽃이 되어

치자 꽃의 그윽함이 그리워
그 몸을 옮겨다 심으니
기어이 몸살을 한다
까맣게 제 몸이 타들어 가는 걸
지켜보는 내내 답진다*

따뜻한 바다 근처에 머물던
너를 품으려 한
내 욕심을 비웃는 걸까

틈틈이 내 시간을 네게 향하며
기다리고 또 기다린 여름

나를 받아들이기로 한 걸까
새까만 줄기 사이에
초록빛 미소를 겨우 훔쳤다

나의 기다림과 너의 기다림이
맞닿은 그날
너는 기어코 꽃을 피워 올린다
하얗게 하얗게 나를 피워 올린다
그렇게 제 몸에서
꽃을 피우는 널
지켜보는 내내 답진다.

*제주도 사투리

칠칠야밤*

어두워져 더는 보이지 않는
어둠이란 게 있어
고작 한 줌의 꿈을 품고
그 어둠 속에 몸부림치는 너를
아무도 주목하지 않았지
너의 꿈 따위는
편의점 가판대 구석에서
방치되고 있었고
잠시 흐르다 어디론가 사라지는
누구의 노래인지 알지 못하는
잠시 스쳐 지나버리는 향기 같았어

암흑에 들어보면
지극히 작은 빛도
금세 포착할 수 있으리라고
그렇게 믿었던 거야
어둠 속에 빛나는 별들처럼 말이야

어두워져 더는 보이지 않은
칠흑 같은 어둠이란 게 있다는 걸
아무도 말해주지 않았어

*'칠흑 같은 밤'의 북한말

디아스포라*

그녀의 뿌리는 조선朝鮮이었다
그 땅은 나라님도 도망을 다녔고
끝내 나라를 훔친 이들이
제국을 선포하면서 사라지고 말았다

더는 누구도 그 이름 안에
살고 있지 않았지만
낯선 땅에 흩어지고 꼬리를 붙여선
뿌리를 찾아 온 땅에서
족族이 되어버린 이들
조선인이라 부르고
조선족이라 부르며
징용과 착취의 대상이었던
수난의 대상이었던
슬픈 내 뿌리의 민족이여

나의 디아스포라
돌아갈 그 땅의 소망을 꿈꾸며
어두워진 골목길에서
지친 하루를
온 힘으로 구겨 삼킨다

*특정 민족이 자의적이나 타의적으로 기존에 살던 땅을 떠나 다른 지역으로 이동하여 집단을 형성하는 것, 또는 그러한 집단을 일컫는 말이다. '흩뿌리거나 퍼트리는 것'을 뜻하는 그리스어 단어 διασπορα에서 유래하였다. 유목과는 다르며, 난민 집단 형성과는 관련되어 있다. (위키백과사전)

팬덤

오빠를 애타게 부르던
그녀는 더 이상 소녀가 아니라는 걸
누구도 말해주지 않아서
그녀는 오늘도
백의의 천사*를 애타게 부른다
그녀가 사는 세상에는
여전히 그 오빠가 세상의 전부다
오빠의 공연이 곧 열린다고
제발 자신을 가게 해달라고
울고불고 몸부림이다

그야말로 진정한 팬덤이다
백발의 남편은 서러울 법도 한데
연신 미소를 짓는다

그녀에게 치매*는
팬덤의 세상에 살게 하는 약이다
백발의 남편 손을 잡고
그녀는 세상 전부인
오빠의 공연장을 향해 걷는다

*간호사를 미화하여 이르는 말.(네이버우리말샘)

*치매란 후천적으로 발생해 지속되는 지적 능력의 장애를 말하는 용어로 일정한 증상의 기준을 만족할 때 붙이는 증후군 진단이며, 그 자체가 최종 진단명이 될 수는 없다. 여기서 지적 능력이란 기억력, 언어력, 시공간 지각력, 계산력, 집중력, 실행력 등을 말하며, 복합인지기능이나 감정, 성격 등을 포함시키기도 한다.
(네이버 건강백과)

감염

우리 사이에는
시간과 거리가 필요할지 모른다
그 좁은 틈을 비집고
내 안에 머무는 감염
한동안 두려움에 떨다가
이내 함께 하는 법을 배운다

너무 가까워 잊었던
너무 소중해서 몰랐던
나에게 필요했을 무엇

내 안에 찾아든 감염은
나를 아프게도 하지만
나를 돌아보게 한다

우리가 사는 세상도
시간과 거리가 필요한지 모른다
좀 더 고민하고 살라고
나를 찾아온 감염
시간도, 사람도, 이 세상도
얼마나 소중한지 배운다

김영희

'월간 '문예사조' 시 부문 등단(1998)
시집 〈나는 다시 시동을 켠다〉
현재 '즐거운 책읽기 신나는 글쓰기' 독서지도 교사

〈시작메모〉
연보라색으로 방문을 칠하고 다육이를 사고 죽이고 또 사고 멍~하니 열대어를 본다. 커피를 내리고, 책을 읽고 듣고 물감으로 색칠놀이도 한다. 일터에 나가서는 일에 몰입하다가 순두부찌개 끓여 식탁에 올리고 고양이 가릉 거리는 소리에 감동하며 휴일이면 새우깡 들고 남편이랑 가까운 바다에 나가 갈매기랑 논다. 문득 엄마 생각에 슬퍼지면 평평 울기도 하다가 또 금방 엉뚱한 남편의 장난에 넘어가 깔깔거리며 산다. 살고 있다. 그리고 살아가겠지. 오늘은 유난히 맑은 하늘에 시 한 편 써야겠다. 시인이라는 이름이 부끄럽지 않도록.

석모도 노을에 덧칠하기

하늘과 바다가 그려낸 이야기가
숨도 쉬기 어렵게 아름다워
감탄사만 덧칠했더니

그가 하늘이 되고
내가 바다가 되어
섬이 섬을 만들고
몸이 섞인다

주인 없는 석모도 노을에
짙게 덧칠 된 감탄사들이
어느 사이 우리를 섬으로
바다로, 하늘이 되어
더 짙게
더 뜨겁게 타오르며

오늘 하루만 사랑하여도 좋겠다고
지금 석모도의 노을은
덧칠로 취하는 중

관곡지 연꽃에게

어느 인연이 길을 열었던가
짙푸른 연잎 사이로 내민
성스러운 꽃잎

공연히 경건해지는 마음으로
꽃과 눈 맞춤하다가
잉태를 꿈꾼다

진흙을 뚫고 힘겹게 피어나는
잎들 사이에서
부끄러운 가슴으로
툭 떨어진 희고 흰 꽃

하소연 늘어놓던 시간을
돌고 돌아서 만나는
누구도 품을 수 없는 너

이제는 내가 나를 키운다

밥 챙겨주어야 할
어린 자식은 다 커 버렸고
내 손길 내밀어 신경 써야 하는 일이
줄면서
문득 중년의 나를 만난다

고양이의 집사로 살고
다육이를 여럿 데려다 놓고
꼬물거리는 열대어로도
무언가 자꾸만 허전해지는 날들

오늘은 나에게 특식으로 흰 구름을 떼어주고
햇빛과 맑은 물과 밤하늘의 별도 내민다
이제라도 늙어가게 될 나를
내가 더 돌보아야지

노년으로 향해 갈 나에게
누구보다 정성껏 마음을 주어
정신이 메말라
안타까이 시들지는 않도록

산다는 건 죽음 바로 곁에 있는 그림자

울고 울어도 이제 돌아오지 못하는
먼 길로 떠나신 어머니 작은 육신
한 줌의 흙으로 돌아갔네

엄마~
엄마~

딸이 아파하는 모습 보시면
하늘길에서도 서성이시다
길 잃을까 걱정되어
웃으려 해도
어설픈 미소 뒤에 차오르는 통증

딸이 웃으면 따라서 웃고
딸이 행복하면
덩달아 더 행복해하실 테지

산다는 건 죽음 바로 곁에 있는 그림자

엄마와의 시간을 작게 접어
가슴에 넣는다
아직은 아프다

어머니 가시는 오늘

아주 오래전 하늘로 먼저 떠난
아버지를 따라서
어머니 가시는 오늘

그토록 좋아라 하시던 개나리
강변에 서둘러 피어나
어머니를 배웅하고

붉게 물드는 저녁 하늘로
어머니 떠나신다

어허야 어허야
가슴 뻐근하게 차오르는 눈물
이별을 미루어보려 하지만

괜찮다, 먼저 가련다
담담히 떠나시고

울고 울고
아무리 불러도 다시 찾아오지 못하는
힘겹기만 한 이별

보이지 않는 시간

더듬더듬 그래도 밥을 먹었다
보이지 않는 눈을
잠시 미래로 보내두고

잃어버린 한쪽 눈
제대로 보이지 않는 세상을 살아내는 일은
생각보다 치열해서
일상은 바로 무너지고
언제 꺼내 쓸지도 모를
빛들을 쓸데없이 담아 마음에 모았다

대신 귀가 더 크게 열리고
대신 코가 유난을 떨었다

누구에게나 밝은 세상이
내게로 와서만 어둡다는 것은
맑은 자연 속에서 나 혼자 호흡이 어려운 혼돈

보이지 않는 시간을 버텨내느라
힘들었던 날들은
이상하게도 더 큰 깨달음으로 건너와서
마치 신의 뜻이라도 알게 된 듯
자랐다

사랑한다는 말 대신에 피어

나 사랑해?

늘 내가 먼저 묻지만
대답을 듣지 않아도 사실은 안다
내 마음에 사랑이면
그도 사랑인 것을

그 사랑이 뭐라고
결혼 30년 내내 살 비비고 살며
확인하고 싶은 걸까

마음은 보이지 않는다고 하지만
30년쯤 같이 살다보면
숨겨진 마음도 엑스레이처럼
더 투명하게 드러나기 마련

오늘 그의 마음에는
노란 해바라기
사랑한다는 말 대신에 환하게 피어
웃음 달고 있다

살아야 할 이유를 만드는 중

베란다 밖으로 저녁이 오면
나는 언제 저물까
붉은 눈물이 솟는다고 합니다

하루치의 삶이 끝나고
평생 고단하기만 했건만
마지막 이별까지도
마음대로 되지 않아

밥은 입으로 들어가 상념으로 삼켜지고
오늘이 죄스러운 밤

어떤 단어도 낯설고 서먹거려
말 처음 배워가던 아기처럼
일상을 의미 없이 더듬다 보면

내일도 슬그머니 아침이 오려나요

그 머리맡에 앉아
그래도 살아야 할 이유를 찾고 있습니다

김충석

건국대 불어불문과 졸업
'월간시' '윤동주 신인상' 당선(2021)
현재 제주도에서 생업으로 역사를 가르치고 있음

〈시작메모〉
살아간다는 것, 하루와 하루가 연결되어 역사를 만들고 역사와 역사가 모여
세계를 구성하는 것처럼 세상은 다채로움과 다양성이 필요하며 인류의 삶 또한
또다른 존재로서의 당위성이다. 그러므로 보잘 것 없는 인생이 없고
헛된 죽음이란 없는 것이다. 산의 야생초가 산을 아름답게 만드는 까닭이고
작은 모래가 모여 아름다운 해변을 만드는 것이며 각각의 소중한 인생이 모여
밤하늘을 빛내는 것이며 세상의 빛과 같은 존재가 되는 것이다.
살아간다는 것, 서로를 느끼고 공감하며 아파하는 것 속에서 화산섬을 다시
들여다본다. 작아서 외면당하면 안 되는 아름다운 것들을 바라본다.

형벌의 섬

혀의 다리가 잘리고 외로움이 짙어지면
청잣빛 수국 꽃잎을 보며 마음을 달래지요
무더위에도 달의 심장은 차가워지고
짙푸름 녹음에도 태양은 시든 지 오래됐어요

공간의 거리는 마음의 멀어짐으로 이어져
팔과 다리는 풀잎에 베이고 가시에 찔려
나는 매일 밤 시를 토해내고 있어요
파도 소리는 빈방을 마구 긁어대어 더는 숨 쉴 수가 없어요

돌을 움직일 화살 같은 바람은 몸을 자꾸 찔러대고
현무암은 붉게 달아올라 상처 입은 발을 지져대지요
잿빛 하늘이 온 빛을 흡수한 기나긴 밤에
나는 또 무엇으로 이 아픔을 견뎌낼 수 있단 말인가요

말이 고프다

말에서 말이 나온다
짜내도 짜내도 연이어 나오는 어미의 젖처럼
흩어진 영감에서 모순투성이 직관까지
초원을 마구 달리는 말이 나타난다

정상의 위 것들이 모르는 해변의 말들은
아침부터 저녁까지 밀려온 파도의 말이다
거세어지다가도 부드럽게 속삭여대는 제주어처럼
밤하늘에 퍼져있는 언어의 산재성처럼 복잡한 미로 같다

말에서 말이 나온다
말이 말에서 내뱉어진다
사정없이 사정하는 것이다
말은 영혼을 잠식하고 언어로 굳어진다

동상처럼 외연화된 말에서 나오는 말은 달콤하다
망아지의 눈망울처럼 영롱하다
하지만 말이 사라진 초원처럼 쓸쓸하기도 하다
말이 말에게 말을 건네는 이상한 상황에서 말이 고프다

잠망경

사방은 막혀 있다
30센티미터의 두꺼운 철갑으로
고온에 달구어지거나
영하에 얼어붙어가도

나는 볼 수 있다
진실로 향하는 유일한 통로로

그대가 알지 못하는 해저에서
반사식 렌즈로 그날의 현실을 보며
진실의 목마름을
참고 인내해야 한다

현실에 갇혀 있다
30제곱 미터의 콘크리트 공간으로
폭염으로 상기된 얼굴에
폭설에도 오갈 수 없는 몸으로

나는 숨 쉴 수 있다
그대를 볼 수 있다는 희망으로

그대의 이방인이 되어
암반 속 지하수처럼
기대를 품고 그대 안으로 흐를 수 있다
멀지만 가까이서

진실의 조각

그들은 분화구 속에 조각낸 진실을 묻었다
잠녀는 바닷속에서 그것들을 캐내어 보려고 애썼다
아니 잊으려고 더 깊이 오래 잠수했는지도 모른다

바람은 오름 꼭대기로 불어 대며
진실을 들추어대기 시작했다
가끔 오름에 처박힌 진실의 조각을
노루가 들추어내기도 했다

아마도 이 섬에 돌이 많은 이유가 진실을 묻기에 좋았기 때문이라고
변명하는 이들도 더러 있었다
하지만 그들의 바람처럼 진실은 소멸되지 않았다
아무도 그 진실을 들추어 내지 않을 거라 생각했다

실책이었다 섬을 떠나 육지로 가거나 더 큰 섬으로 간
이들은 고통의 연속이었다
가끔 비바람이 심하게 몰아칠 때 그들의 오열 소리가 바람에 실려 들리곤 했다
징그럽게도 바람은 더 거세게 불어 댔다

고뇌

나는 왜 아파해야 하나
난 육지의 것인데
괸당*에 속해 있지도 않은데
그들의 제사에 관여 되지도 않았는데

나는 왜 몸서리쳐야 했나
순이삼촌을 읽으며 총질하는 서북 청년을 상상하며
해방과 분단에 분열된 옛 일을 갖고
미 군정은 경험도 못했는데

나는 왜 외면해야 했나
비겁과 조롱을 이기지 못하고
손가락질하는 편인양 치욕의 힘에 딸려
나는 모른다며 과거 속에 묻으며

나는 왜 직면해야 하나
팔십 년이 지난 옛일을 들춰내며
그들을 기억하며 해골만 남은 말 없는 죽음을
내 영혼은 이미 죽은 것을 알면서도

*괸당 : 서로 사랑하는 관계 즉 혈족, 친족을 의미

움직이는 섬

수천 척의 배와 흑단의 말들이
섬을 이끌어간다
한 치 앞도 보이지 않는 해무를 뚫고
제3의 물결을 넘어서
편견의 모래 위를 스치며
푸른 바람의 열망은 섬을 이끌고 간다

멸시와 외면에도 아랑곳없이
자유로운 유랑자처럼
무엇에 홀린 채로
오직 푸른 영혼의 마음만을 품고
산재한 섬들이 하나의 뜻으로 합칠 때까지
한곳으로 움직이는 거다

진실이 왜곡되어 손가락질당해도
의연해하며 열점에서부터 벗어나는 거다
섬의 굴레에 몸이 부서지더라도
몸이 굳어가 껍질만 남더라도
가슴속에 희망을 잃지 않고 굳건히 버텨내는 거다
시련의 디딤돌을 밟으며 서서히 움직이는 거다

그녀의 한마디

"자유가 뭔지 알겠어요?"
쑥으로 해녀 잠수경을 문지르며 회색 잠수복 차림의
그녀는 그 한 마디를 남긴 채 바닷속으로 들어간다
홀로 바닷속을 향해 창공으로 힘차게 발을 뻗으며

물결조차 없는 고요한 수면에 그녀가 만든 파동이
경계에 서 있는 내게 시공간을 혼동하게 만든다
나는 마음속으로 수를 헤아리며 삼십까지 셌는데도
그녀의 모습이 보이지 않자 불안해한다

그녀는 비창을 손에 쥐고 해초 사이사이를 헤젓고 다니며
알이 밴 종아리로 '그'를 찾고 있었는지도 모른다
사십오를 넘기는데 수면 위로 그녀가 솟구쳤다
분수공으로 물을 뿜는 한 마리 회색 돌고래처럼

'자유란 무엇일까' 의지에 자신을 맡기는 그녀처럼 무언가에 자신이 몰두하는 것인지도 혹은 그 무엇에도 얽매이지 않고 미지를 향한 방랑일지도 아니면 가볍고 투명해지는 묘한 기분을 만든
그녀의 한마디일지도

화산섬에서

응어리진 일들로 잠 못 이루면
도시에서 바다로 나간다

화산섬 푸른 해변에 앉아 있으면
부는 바람에 마음속 응어리가 풀어진다

응어리가 분출되어 쌓여도 좋다고
수월봉과 용머리 해안이 말하고

응어리를 참고 속으로 삭여도 괜찮다며
용암굴을 품은 거문 오름이 가르쳐 준다

새까맣게 타다 굳은 용암이 해안 절벽이 되듯
내 응어리는 시가 되고 산문이 될 수 있다고

화산을 토한 푸른 섬이 아픔을 토로한 내게 말한다

박이영

'예술가' 신인상으로 등단(2016)
중앙대 예술대학원 창작전문과 과정.
동국대대학원 국어국문학과(휴학).

⟨시작메모⟩
"마티스와 간딘스키의 숙성된 휴지pause는 현재 진행형인가? 이 낯선 조율의 언어가 파도를 밀고 온다." 파편적 은유를 무심하게 던지는 풍경들이 내 안의 존재로 다가와 서로 부딪히기도 하고 화해를 하기도 한다 아픔과 희열이 겹치면서 의미들이 낯설게 유추된다 인도의 바라나 시 강가 아이의 들뜬 발자국으로부터 아직 남아 있는 순수의 곁을 추앙한다 시적 이미지는 벌거벗은 풍경에 존재의 정체성을 부여한다 사물로부터 도달해 시로 확장해나가는 경험을 얻는다 은유는 하나의 개별적 산물이 되기도 하지만 더 나아가 시의 구성분자인 동시에 세계로 뻗어 나가는 힘을 가졌다 커피를 볶는 남자에서 "첫 콩이 되는 아픔으로 당신의 입술을 가졌다"처럼 따뜻한 이미지들을 끌어안고 싶다. 휜 나무의 곡선이 그 자체로 치유이듯.

커피를 볶는 남자

첫 콩이 되는 아픔으로

당신의 입술을 가졌다

한 잔의 나무이거나

나무의 아픈 손가락

카페 깊숙이 몸을 밀어 넣은

당신의 바라기로

지구의 한 끝을 잡아야 했다

절규도 구원도 아닌

오늘의 등받이가 될까

콩을 볶는 두 손 가득

나무를 닮은

살아온 마디가 향기롭다

풍경
風磬

장마와 햇빛 사이
바람의 언어를 그린다
함박눈의 호사를 즐기는
따뜻한 손길
고독한 영웅
아무도 초대하지 않은 모퉁이는 살아 있다
매달린 가닥에서
종횡무진 흔들리며
낱낱을 평정하는 미간처럼
겹겹의 언어가 머문 자리
같은 옆을 찾아
바람을 맞이해야 하는 우리들처럼
낭만이라는 포차를 타고
오늘이 선물처럼 다가와,

월아천

큰 모자를 쓴
잔 에뷔테른*의 푸른 눈을 열망했다

사막에 떠 있는

일목요연一目瞭然한 그 자태

낮별 하나 낮별 둘…
띄워 놓고

낙타가 지나간다
경전처럼

일몰이 춤을 춘다
발이 빠지도록

무희는
저장된 그림일 뿐

은사시나무 잎을
낮게 더 낮게 조여 신고

명사산*
휘파람 날을 세워

오아시스 푸른 눈이
비행한다.

*중국 돈황시, 사막 가운데 있는 초승달 모양의 호수

*20세기 프랑스 화가. 아메데오 모딜리아니의 예술적 동지이자 연인으로 알려져 있다.

*중국 돈황시에 있는 모래산

누운 평면

두 발에다
몬드리안의 평면을 끌어와
훅,
쏟아지는 소나기

빗방울의 낙차는
맨발의 기회
부서지는 실선을 두고
온전한 소음에 들기까지

층과 층 사이
네 계절 꽃이 피는
제라늄을 심어둔다

버스를 놓친 사람만이
버스를 기다릴 수 있으니까

단잠을 지불하는
저 오브제

두 다리 뻗고
꽃대를 밀어 올린 방향으로 중력이 들어요

꽃잎으로 해가 길어졌다

함박눈을 접어두고
달맞이꽃을 그리는 그녀
하늘의 안쪽까지 걸어
그 너머로 이르며
아픈 무릎 발코니에 세운다

동쪽을 터치하면
질량이 너무 가벼울까
풍경소리로 날아갈까
눌러 담은
이 커다란 캔버스의 거리는
액자의 틀을 넘어서
밤을 쏟아낸 체취로 컴컴하다

일렁일렁한 것은
말하는 것에 존재하지 않고

무한이 매달린 동쪽으로
불 켜진 방 하나를
달맞이꽃 셰어하우스로 놓아도 좋을까

강가* 아이

강물을 업고
까무잡잡한 손으로
금잔화 꽃바구니를 들고
설산의 바람을 다스리며
사람들을 향해
눈빛을 꽂는다
강물의 혈통을 따라
거슬러거슬러
휘파람 소리 끌어와
꼭지점을 향해
꽃이 핀다는
한 세기의 시간을 짊어졌다
지독한 맨발로

*인도의 바라나시

살아 있는 날의 구도

폐철로의 연서는
민낯으로 쌓여 있다
바람의 결을 두고
감感과 각角을 세우고 있다

입고 입은
오래된 촉감들은
메뉴에 없는 세상살이
따뜻하게 들려주고 싶어

낙엽으로 떠돌아야 할
사이사이

마주하는 불이문不二門
모난 부분을 동그랗게 품는다

번뇌를 수습하는 낡은 외투
천추千秋의 참견으로
어떻게 기억될 것인지

아직
바람을 벗지 못하고 있다

몸은 답을 알고 있다

공터의 경험을 살려
수심이 깊은 공간을 소모한다
가파른 곡선으로 치닫는 불황은
사물의 실세다
이길 듯 이겨낼 듯
살아 있는 날을 지배한다
자본주의의 속도보다
빈혈을 털어낼
청사진의 풀잎을 공유하며
언덕의 혈통을 가진
고양이의 집은 안전한 가 두드려본다
무지개를 소모할
회전문의 놀이는
극중 인물로 대신 할 욕망을 학습한다

손진원

중학교 교사
'월간시' 청년시인상 당선(2020)

〈시작메모〉

2021년 늦가을, 유방암 판정을 받았습니다. 한 해 걸러 숙제하듯 받던 건강검진을 통해 알게 되었지요. 공교롭게도 생일날 오른쪽 가슴의 전절제 수술을 받게 되었습니다. 나, 다시 태어나는 거야? 너스레를 떨었지요.

연민이나 감상에 빠져있을 틈이 없었습니다. 처음 겪는 일이라 당장 나에게 주어진 상황들에 집중해야 했어요. '그렇다면 이제 내가 무얼 해야 하지? 무얼 할 수 있지?' 제 마음 속 한결같은 화두였습니다.

수술 후 첫 항암치료를 받으며 크게 고생해 한동안 정신이 없었습니다. 퍼뜩, 아프다고 나에게만 유예되는 올해가 아닌데, 하는 생각이 들었습니다. 아프면 아픈 대로 올해를 잘 보내야겠다고 생각했습니다. 전공분야에서 한 권, 시 분야에서 한 권. 공저로 책이 두 권 나왔습니다. 그동안 해오던 대로 꾸준히 일기를 쓰고, 꾸준히 여행을 다니고, 꾸준히 책을 읽었습니다. 힘들 때는 쉬고, 덜 힘들면 또 하는 식이었습니다.

암 투병이 흔한 경험은 아니기에 어떤 식으로든 제대로 된 기록을 남기고 싶었습니다. '투병 시'라는 이름의 폴더로 시를 모아야겠다고 생각했어요. 하지만 한두 편 쓰고 흐지부지 되었더랬지요. 그러던 차에 동인지 권유를 받았습니다. 아! 나는 암투병을 주제로 시를 써야겠구나. 기회가 온 것이었습니다.

병을 겪으며 든 생각들을 거침없이 시로 적었습니다. 한참 쓰다가 이렇게 시를 써도 되는 걸까, 잠시 멈칫하기도 하였어요. 은유와 상징으로 깊이 있게 확장되는 시가 아니어서요. 하지만 제게는 특별한 경험을 한 시기의 시적 기록이고, 날 것 그대로의 그 기록이 쉽게 읽히고, 저와 비슷한 경험을 하는 분들께 힘이 될 수 있다면, '공감과 치유' 동인지의 취지에도 크게 어긋나지 않으리란 생각으로 용기를 내었습니다.

병. 살면서 누구나 겪을 수 있는, 하지만 말처럼 쉽지만은 않은 경험이란 생각이 듭니다. 잘 넘겨야겠지요. 잘 달래 넘기고 나면 또 웃을 날이 오겠지요.

네가 효자다

당췌 건강은 타고났는지
부실한 곳 하나 없이 곳곳이 튼실했다
보험금을 무슨 수로!
만기환급금이나 탈 생각으로
적금 삼아 든 보험이었는데
세상에.

빼도 박도 못 하는 병명이라 그런지
중증환자 등록도 바로
보험금 지급도 바로바로
힘들겠다, 힘내라, 격려 받고, 챙김 받고
그야말로 환자 대우 톡톡히 받았다

눈은 빠질 것 같고
허리는 끊어질 것 같고
머리는 터질 듯 지끈대도
빼도 박도 못 하는 병명이 아니라서
혼자만 죽을 똥 살 똥 아픈 이도 많은데
나는 참 복도 많지 네가 효자다

전쟁의 수순

암과의 전쟁은
수술로 일단 전장을 제압하고
다음은 화학전
조근조근 부수어 간다

화학전은 입원과 통원
두 타입으로 나뉘는데
두 타입 모두 허들이 있다

입원전은
시작부터 끝까지 긴장감 백 배
코로나 양성 판정을 받는 순간
해당 회차 치료는 그대로 불발이요,
음성 판정을 받아 무사히 회차를 치뤄도
급격히 떨어지는 면역력 탓에 안팎이 휘청댄다
전략은 주변으로 담을 쌓고 은둔생활을 할 것

통원전은
매주 목요일 12회 실시되는데
코로나 검사도 필요 없고
회차당 몸의 부담도 현저히 덜 하나,
차곡차곡 쌓여 가는 약물 탓에 점차 몸이 부대낀다
전략은 모든 회차를 우직하게 계획대로 마칠 것

입원전과 통원전을 모두 마친다
그동안 고생했다, 건강해져 다행이다?
천만의 말씀.
전쟁이 어디 나쁜 놈 이상한 놈만 죽였을까
좋은 놈 멀쩡한 놈까지 죄다 쓸어 갔으니
전장은 그야말로 만신창이 쑥대밭
재건은 지금부터다

되찾고 말리라, 과거의 부귀영화
기력과 체력 하나씩 조근조근

이제 다시 시작이다

나는 늘 나

어쩌다 그랬대
뭐가 문제래
왜 그랬어

궁금해 그러는 건지
속상해 그러는 지
설마 하니 명쾌한 답
바랬던 건 아니겠지 너

누구에게나 올 수 있는 게
나에게도 온 것이겠지
웃으며 답하는 날 보며
그렇지, 하며 맥빠진 표정

설마 하니 넌 아니고 난 맞다
생각한 건 아니겠지 너
그렇다면 날 너무 측은해 하지마

나는
암환자가 된 게 아니라
암을 치료하는 나일 뿐
언제든 어디서든
무슨 일이든 겪을 수 있는 내가

암에 걸려 암을 치료하고 있는 것일 뿐

나는
암환자가 아니라
암을 치료하는 나로
언제나처럼 오늘을
살고 있다

머리통의 수난

학창시절 똑단발 땐
부채처럼 펼쳐져 감당이 안 됐고
대학 입학 첫 파마 땐
미용실 언니 어휴 소리에 겸연쩍었다

나이를 먹자 많은 숱은
주위의 부러움을 사기 시작하는데
약이 독해 봤자지 이 숱을 다?

하지만 정말
뭉텅뭉텅 빠지기 시작한다
뭉텅뭉텅

자고 일어난 베개가 까매서 기겁
세수한다 세면대 앞에 섰다 또 기겁
머리칼 넘기는 손을 따라 한 움큼
이게 뭐야 쓸어 내면 한 움큼 또 한 움큼

너라고 별 수 있니
미용실을 찾는다

싹싹 민 머리통의 문제는
머리숱의 부재가 아니라

보호막의 부재였는데

한꺼번에 뜨겁거나
한꺼번에 선뜻하여
하루에도 몇 번씩
머리통 위 두건은
벗겨졌다 씌워진다

치료의 종료와 더불어
불모지 같던 머리통에
드디어 머리칼이 자라기 시작하는데

햐. 이 머리통으로도 봉두난발이 될 수 있구나

치료중의 까쓸까쓸 머리통은 차라리 나았다
머리통의 수난은 끝나지 않은 것이었다

여행은 나의 힘

치료 내내 늘 한스러운 건
언제고 마음대로 떠나지 못 하는 것

그래도 늘 호시탐탐
떠났다 돌아올 날 가늠을 하니
한바탕 떨어진 체력 기어코 다시 기어오르는
다음 치료일 직전이더라

그 한 줄기 햇살이라도 부여잡고자
뭘 먹으면 덜 울렁일까
꾸역꾸역 채워 넣어 버틸 힘을 비축하고
코로나라도 걸리면 큰 일
마스크 꼭꼭 덮어 쓴 채 사람 사이로 다녔다

그렇게 얻어 낸 귀한 체력으로
콧바람이라도 쐬러 나가면
그렇게 신이 나고 좋을 수가 없더라

좋아하는 일을 열망하는 그 간절함으로
기어코 독한 약을 이겨내고
기어코 체력을 끌어 올려
기어코 집 밖으로 떠난다

그렇게 기어코 떠나는 일에서
삶에 대한 의지를 곧추 세우고
삶의 에너지를 한껏 채워 넣으며
다음 치료로 다음 치료로 나아간다

그렇게 항암치료를 이겨낸다

태엽인형

평소의 나는
수차례 힘있게 감은 태엽인형입니다
감아쥔 태엽을 손에서 놓으면
튕겨 나가듯 그 즉시 나아갑니다
얘기치 않게 멈춰 서는 일이 없도록
적당한 때에 또 다시 태엽을 감아줍니다
직장으로 집으로 산으로 바다로
어디든 힘차게 신이 나 오고 갑니다

아프게 된 나는
한 번을 겨우 감은 태엽인형입니다
힘겹게 감은 태엽은 느릿느릿
풀리기 시작하는데 걸음도 느릿느릿
어느 순간 그대로 멈춰 섭니다
그 순간이 언제일지 나도 알 수 없어요
멈춰 선 그 자리에 꼼짝 않고 숨 고릅니다

하지만 한 번이라도
태엽을 다시 감으면
나는 또 나아가기 시작합니다
곧 다시 멈춰 서도 움직일 수 있다면
그것이 조금이든 잠깐이든
아무래도 좋아요

힘이 들면 쉬고

힘이 나면 또

나아갑니다

한 번 감은 태엽이 두 번이 되고

두 번 감던 태엽이 다시 한 번 되어도

감은 태엽만큼 또 그렇게

나아가고 멈춰 섭니다

고장난 태엽이 아니니까요

감을 수 있는 태엽의 수는 점차

늘어날 테니까요

나는

이전에도 지금도

움직이다 멈춰 서다 다시 또 움직이는

태엽인형입니다

암에 대처하는 자세

한 해 걸러 한 번씩 등 떠밀리듯
어느 날 우편함 속 우편을 보고
아, 맞다 내가 이런 걸 했었지
하는

올해는 웬일인지 검사 일주일만에
전화가 다 와 거 참 희한하네, 하는데
결국은 땅땅땅 내려진 선고

하필 왜 내게!
란 생각은 안 들었고
그럼 이제 뭘 하면 되지?
할 수 있는 일과 할 수 없는 일을
갈무리하기 시작했다

암을 대하는 가족의 자세 역시
나와 다르지 않았는데

남편은 두말없이 지금보다 더 집안일을 했고
병원에 갈 때마다 통원 메이트가 되는 통에
연차에 이어 휴가까지 탈탈 털어 쓰면서도
평일날 쉬다니, 이게 웬 호강이냐 너스레

중고생 아이들은 가만히 듣더니
그럼 엄마 죽어? 아니. 그럼 됐어.
평소처럼 학교에 가고 친구들과 떠들고
평소처럼 엎치락 뒤치락 나름대로 치열히

나는 나대로 할 수 있으면 하고 힘들면 쉬고
가족은 가족대로 주면 주나 보다 안 주면 그런가 보다
군말이 없다

침울해 지지도 심각해 지지도 않고
그저 각자의 자리에서 각자의 일을 묵묵히
그것이 내게는 가장 큰 위로고 힘이 된다

공짜 머리 하던 날

'항암 환우를 위한 무료 쉐이빙'
그럴 듯 해 보이는 표현이지만
머리를 공짜로 밀어준다는 것

설마 하니 형편없이 빠지기야 하겠어
아니, 어이없이 숭숭 우수수 떨구더니
사실 이제 깎을 머리카락도 별로 없다

공짜 머리 하던 날

머리통을 따라 구르는 기계
처음엔 화아, 민트맛 사탕 구르듯 하더니
한바탕 머리통 구르고 다듬을 때는
제법 후끈, 달아올라 뜨거운 숨 토했고
마지막으로 머리칼을 털어줄 때는
이제 내 머리통은 구둣솔이 된 것 같았다

흘낏 훔쳐본 거울 속 비구니승
나이지만 나 아닌 듯 낯선 모습에
공연히 머리통만 이리저리 쓰다듬는다

정상인 듯 정상 아닌

아침이 되면
간밤 나온 설거지를 하고 쌀을 씻는다

낮이 되면
그리운 이와 웃고 떠들기도 한다

그리고 밤이 되면
불 밝힌 책상 앞에 앉아 책을 읽고 일기를 쓴다

아무 문제 없다
하지만

늘 하던 아침운동은
반 정도 지나면 이제 그만 차로 돌아가고 싶고

웃고 떠드느라 든 휴대폰에
손목이 시큰하다

그리고
책상 앞에 앉기 무섭게
책상 옆 침대로 파스러지는 몸

뭔가 문제가 있다

항암제는
나를 고치며
나를 부순다

신남춘

전북 부안 출생
'한비문학' 신인상(2011), '월간시' 추천시인상(2016)
시집 <풀꽃 향기> <비 오는 날의 초상> <내 생의 어느 날도 똑같은 날은 없었다>
한비문학상, 대한민국예술대상, 부안문학상, 신아문예작가상 수상

〈시작메모〉
장맛비 지나고 무더위도 꺾이고, 시원한 바람이 부는 날의 이른 아침 가슴을 펴고
길을 걷는다. 산책을 나선 숲속 길에 풀잎마다 맺힌 이슬방울은 바람이 불자
데굴데굴 구르다 사라졌다. 늘 거닐던 익숙한 그 자리 그 풍경을 새롭게 느끼기도
하고 어제와 또 다른 낯선 사람과 마주치며 걷다 보면 마냥 활력이 솟아나고,
감각이 살아나고 상쾌한 공기가 마음속으로 쏙 들어온다. 있다가 없어지고 다시
있다가 없어지는 바람길은 아직도 공기가 상쾌하고 기분이 참 좋다. 숲길을 걸으며
내게 벌어지는 일들, 내 주변에서 벌어지는 일들을 생각하면서 깊은 사색 속으로
빠지곤 한다.
오늘을 잘 버텨야 내일도 잘 산다는 것을 깨달았다. 해거름에 노을빛 하늘을
바라보며 이제 따뜻한 커피 한 잔을 마시며 하루의 일상을 떠올려 그때그때의
감정을 주워 담았다. 인생은 아름다움을, 행복을 찾아서 걷고 달리고 뛰어다닐 때
감성의 사람이 되고 건강한 힐링이 되지 않을까? 매사에 용기를 가지고 자기가 할
일을 찾을 때가 행복한 것이라서 홀로의 시간 속 나는 마음의 여유로움으로
오늘도 따뜻한 시 한 편을 쓰고 있다.

바람과 함께

푸르른 나무 이파리는
바람을 일으키면서
흔들려야 사는구나

어디서 와서
어디로 가는지 모를
바람의 행방

누구의 계시였을까
쉼 없이 창문 흔들다
어디론가 사라진다

바람처럼 가는 인생
무의미한 문장 하나
하늘에 훌쩍 내 던지고

지구를 밤낮으로
돌고 다시 또 돌아도
늘 새로움에 깃든 삶

나의 생 끝 날까지
함께 할 미풍이라면
바람, 너랑 살고 싶어라

아침이 걸어서 온다

동녘에 해오름
자박자박 걸어서 온다

뜰에 핀 나팔꽃이
기상나팔을 불어 대면
새벽이슬을 툭툭 털고
나뭇잎은 기지개를 한다

숲속의 상쾌한 공기
한 줌만 마셔도 기분 좋다
미소로 흠뻑 피어나는
오늘의 유쾌한 출발

구수한 된장국 냄새
가득 번진 식탁으로
아침이 걸어서 온다
생기 넘치는 몸짓으로

살다 보면

살다 보면
가끔씩 울다가 웃다가
하루를 보내고 마는
그런 사람이 보인다

살다 보면
더러는 아픔이 무엇인지
힘든 일 있었는지 얘기할
그런 사람이 생긴다

눈을 감아도
떠오르는 그리움으로
지난날을 회상하는
추억의 늪에 빠진 사람

한 때는 모으기 바빴고
한 때는 비우기 힘썼던
세월의 삶에 매달려온
그런 사람도 있다

생의 종착역 앞에 선
쓸쓸함과 침잠의 미학으로
행복했던 날도 있었다고
기억하는 사람도 있다

살다 보면, 살다가 보면
아름다운 순간순간이
누구나 다 있다

아침이슬을 보며

풀잎에 매달린 이슬
얼마를 굴리고 굴려
저리도 영롱할까

누가 굴렸을까
무엇이 들어있을까
참 맑고 깨끗하다

밤을 꼬박 새우며
사랑을 숨겼을까
사연도 남겼을까

너무도 짧은 생애
아쉬움의 눈물인가
차가운 고통도 몰라

풀잎에 대롱대롱
맺혀 사는 운명이란
거짓 없는 탓 일 거야

고무줄을 당기면서

서로 당기면 늘어나고
손을 놓으면 그때는
제자리를 찾는 줄

욕심껏 당기다 보면
탄성을 잃어버려
탄성을 잃어버리면
본래 모습이 사라진다

적당히 당김이
살아남을 비밀인 것을
적당을 가늠할 수가 없다

내 삶도 그렇다
적당히 살아야 할
분수를 가늠할 수가 없다

쓰다가 보면
본래의 기능을 잃고
망가지고 버려지는 것

지구상 만물이 다 그렇다
인간의 삶 또한 그렇다
마치 고무줄 당김처럼

집을 찾는다

화창한 날
벌, 나비의 날갯짓
자기 살 곳을 찾는다

이 꽃 저 꽃을 찾아다니며
임대, 월세, 전세
세 들어 살 곳을 찾는다

꽃가루가 많은 집
향기가 가득한 집
그런 집을 찾는다

맑은 날
벌, 나비의 날갯짓
자기 살 곳을 찾는다

자전거

바람 살랑 거리는 날
6단 기어가 달린
자전거를 탄다

지구 한쪽 끝에서
다른 한쪽 끝까지
굴러 가는 자전거

굴러가는 앞바퀴
그 뒤를 따르는 뒷바퀴
우주를 누비며 달린다

바람을 싣고
해를 굴리고
달을 굴린다

꽃향기 물고
오르막도 내리막도
거침없이 달린다

앞으로 가든 뒤로 가든
두 바퀴는 언제나
앞을 서고 뒤로 서고
그러면서 한결같이
생의 시간을 굴린다
우리 삶을 굴린다

백년의 사랑을 꿈꾸며

맑은 하늘
그 아래 푸름의 팔랑거림

숲속의 아침은
바람이 고요를 털고
신나게 음표를 두드린다

수많은 사람들이
말없이 떨치고 간 언어들
아침 이슬로 맺힌 자리

시원한 바람 스칠 때마다
흔들거리는 마음들
닫힌 가슴 활짝 펼친다

편백 숲 작은 떨림으로
반짝거리는 윤슬도
백년 사랑을 꿈꾸는가

곱디고운 선율의 깊은 울림
살아 있음을 알고 나면
내 얼굴빛 달아 올라

거닐며, 숲길을 거닐며
나 또한 한없이도 좋을
백년 사랑을 이루고 싶다

안정윤

서울출생. 명지대 경영학과 졸업
월간시 제23회 추천신인상으로 등단(2019년)
시낭송 1급 지도사.

〈시작메모〉
일상생활에서 부딪치며 뭔가 가슴에 찡하고 오면 난 그대들을 상대로 시를 쓴다.
느리게 있는 듯 없는 듯, 살고 싶은 마음 시마가 찾아오면 시를 쓰고 마음을
차분하게 정화 시킬 수 있고 시는 내 마음에 늘 함께 하고 싶은 친구다.

현충원 일기

슬퍼서 비가 내린다
못다 핀 영웅들이 운다

이름도 모르는
그냥 김 소위
잠들어 있는 곳이다

장군은 전쟁터에서
부하의 죽음을 가슴에 묻고
시체는 소나무 밑에 묻고
훗날 다시 찾아온다
약속했다

장군은 훗날 김 소위를 찾고
현충원에 묻고

세월이 흐른 뒤 김 소위의 죽음은
손녀의 손 편지로
세상에 슬픈 이야기로
울려 퍼지고

우리들 가슴에 멍멍해졌었다
현충원의 일기로
눈물 고였다

동짓날

붉은 팥은 악을 쫓는다
한 해 재난과 나쁜 기운들은
붉은 팥이 가져갔다는 의미가 있다
그래서
우린 동짓날 팥죽을 끓여 먹는다

옹심이 한 알 한 알 씹으며
아름다운 세상 오길
혼란스럽고 시끄러운
세상은 가고

붉은 팥죽 속의 담아
앙금처럼 곱게 가라앉기를

스펀지처럼

그대 내게 오시려면
가슴에 사랑 듬뿍 담고 오세요

그대 오시려면 넓은 가슴으로 오세요
그대 스펀지처럼 모든 것을
스며들게 하실 수 있는지요

사랑은 모든 것을
용서해야 합니다

넓은 가슴으로 모든 것을 안을
수 있는지요

스펀지처럼 다 젖어도
괜찮은지요

나오리 가면

태안반도의 땅끝마을
나오리 가면 고즈넉한 마을
예술에 혼을 담은
부부를 보았습니다

하얀 버선 코끝을 세운
천사의 발을 보았습니다
사뿐사뿐 날개를 달았을까

나오리 가면
웅숭깊은 세계적인
도예가의 예술이 있었습니다

어머님 정화수 떠 놓으시고
마을의 안녕을 기원하는
어머니의 두 손을 보았습니다

염전과 갯벌과 풍광 있고
마을 사람들과 독일 사람들이
함께 어울려
둥실둥실 춤을 추며
예술의 혼을 즐기는 것을 보았습니다

사랑을 나누는 것을 보았습니다
함께 했습니다

적은 돈을 쓰는 여자

난 부자가 아니다

그런데 적은 것으로
행복해지고 싶다

자판기 커피면 어떠랴
받는 사람의 행복은
난 모른다

하지만 난 행복하다

적은 것으로 많은
사람들에게 행복을
나눌 수 있다면
내 입가엔 미소가 살짝
내 눈은 더욱 빛날 것이다

적은 것을 쓰기 위해
내 입가에 미소가
내 눈이 반짝반짝
빛나기 위해 난 계속 쓴다
적은 것을

양평 가는 길

오랜만에 핸들을 잡고
나들이 간다
시동을 거는 순간 차에는
음악이 흐르고 난 잠시

아니!
음악이 흐르다니
딸아이 차에서 음악이
흐르다니 놀라운 사실

온갖 동물 만을 사랑하고
아프리카 도시를 사랑하고
비행기를 타고 하늘에서
뛰어내리고.

넓은 바다 고래를 만나기 위해
바닷속을 헤매던
딸아이의 차에서
음악이 흐르다니

혹 사랑을 찾아가는 길이 아닌가
내심 놀라웠네

세월만 흐르는 줄 알았더니
딸의 마음도 변해 흐르는
것을 알았네
언제나 갈까

우리 완두

아침이면 완두와 세타 길
산책길 나선다

신호등 앞에 서면
빨간불이야 건너면 안 돼

그 아이는 궁둥이를
땅에 데고 살며시 앉는다

말은 할 수 없지만
서로 교감을 느끼며 주고받는다

신호등이 파란불로 바뀌면
그 아이는 신나게 뛰어 건넌다
맘껏 뛰게 사람들이 없는 곳을 향해간다

들꽃 위에 앉아 팔랑팔랑
춤추는 나비를 좋아 따라다니는 우리 완두

그 아이의 뒤를 따라
들꽃들을 보면 혼잣말로 속삭인다

어머나!
들꽃들도 모두 나와
세타 길을 아름답게 만들고
들풀들도 무성하게 자라
살랑살랑 바람에 춤추고 있네

어머니 계신 곳

어머니 보고 싶어
학곡리 임진강이 흐르는
강물 앞에 찾아왔습니다

어머님 계신 곳은 진눈깨비
흩날리고 살얼음
얼어 있었습니다

노랑 색종이 위에 곱게 적은
안부 인사
어머님 계신 흐르는 강물에 띄워
보냈습니다

소주 한 잔 부어드리고
즐겨 드시던 커피 한 잔
놓아드렸습니다

그 시절 궁핍하게 사셨던
어머니

어머님 계신 곳 백합 학곡리
임진강을 따라 걸으며
가슴으로 녹아드는 어머님이

그리워

엄마!

겨울 가고 봄이 오면
이곳은 살얼음 녹아내리고
맑은 물이 흐르겠지요

이정수

'월간시' 추천시인상 당선(2021)
'문학과의식' 신인문학상 수상(2021)
목동교회 목사

〈시작메모〉
오랜 시간 애태우며 아름다운 시어를 찾아 모으는 일은 하늘의 은총과도 같습니다. 사람들의 살아가는 이야기를 수없이 생각하고 쓰고 지우고를 반복하며 숙성될 때까지 기다렸습니다. 삶의 이야기를 퍼즐 맞춰 가듯 착한 방언을 찾을 때마다 살아 있음을 느낍니다. 저의 삶을 늘 공감해 주시는 '제이'라는 그분을 통해 치유를 경험한 저는, 풍성한 열매를 바라보는 눈빛이 기쁜 것처럼 여기 함께 만발하게 피워 있는 꽃 시詩들을 보며 그대 마음도 분홍빛 사랑으로 따뜻함을 느낄 수 있었으면 좋겠습니다. 모든 사람이 참 행복했으면 좋겠습니다.

남는 것

한 사람을 만난다는 것은
그 한 사람의 인생으로
나를 채워가는 것

한 사람과 헤어진다는 것은
그 한 사람의 인연을
내게서 잃어버리는 것

한 사람의 인생에 들어온
수많은 인연들 중에 어떤 형태든
한 사람이 만나는 날이 오고
헤어지는 날이 온다

한 번씩은 찾아오는
그런 일들을 마주치면
삶을 바라보는 두 눈이
삶을 생각하는 가슴이
한없이 침착해 진다

언제까지나 항상 남아 있을 그것은
사랑

퍼즐 조각

알려주지 않은 채
높은 언덕에선
세찬 바람이 자주 불었다

잔잔한 선율로 불어 주길
기원하여도
언제나 비껴갔다

구불구불 한참 걸어온 길 돌아보니
강한 바람도
때로는 여린 풀잎을 푸르게 키워 내는
스승임을 알게 했다

가을의 주인

실패는 실패로 소중하고
승리는 승리로 위대하다

눈물은 눈물로 거룩하고
기쁨은 기쁨으로 아름답다

아직도 드리기에
풍성히 남아 있는 나의 것
사랑할 모든 사람들
의지할 큰 하늘
이 모두가 내 것은 아니니
많아도 많음이 아니고
적어도 적음이 아니다

열매를 거두시는 분
따로 있으니
그분의 손길로 이 땅은
가을이 오기 때문이다

사랑의 비밀

그대여
찬바람이 세차게 후려지고
시커먼 어둠이 계속되는 내일이
도저히 보이지 않습니다

그분은
길이 없는 곳에 길이시고
캄캄한 땅에 빛이시며
죽어가는 모든 것의 생명이십니다

삶으로 주고 모자라
죽음으로 주고
죽음으로 주고 모자라
다시 삶으로 주신
실로
측량할 수 없는 사랑의 비밀

우리는
그 사랑으로 살고
그 사랑으로 죽고
그 사랑으로 영원히 삽니다

12월 연서

사랑하는 그대
우리 만날 때
기다린 만큼
더 뜨겁게 손잡고 살아요

헤어져 있는 동안
아름다운 밤은 어두움뿐이었고
밝은 낮은 빛일 뿐이었어요

그대 없는 나는 아무것도 아니고
나 없는 그대 또한 아무것도 아닌
그분 안에서 우리는
시작부터 하나였어요

사랑하는 그대
우리가 만날 때
그리운 만큼
더 뜨겁게 사랑하며 살아요

심장에 물든 사랑

꽃으로 다가온
너는 내 몸 안에서
진한 피가 되어 흐르고

네 입김은
아름다운 입술로
피어오르는 꽃잎이 된다

12월의 햇살로 빚은
화려한 꽃향기의 정원
그 어디선가 나래 접은
나비의 시간이 흐르고

쏟아지는 햇볕 따스한 생기에
내 심장은
잔잔히 일렁이는 꽃무늬로
물들어 간다

그래도

잔뜩 웅크린 잿빛 하늘이
마른 가지 사이로
촘촘히 들어앉아 생각에 잠겨 있다

새 한 마리 날지 않는 이 어두움
윤동주 시 속의 교회 종탑이듯
보여야 할 곳에서
더 잘 보이지 않는 평화

시름에 잠겨 있는
당신의 얼굴

갈수록 혼돈의 밤은 깊어가지만
그래도
어딘가에 희망은 있고
한 걸음씩 봄은 오고 있다.

낮은 자의 기쁨

고개를 숙여봐

그러면
꽃을 마주할 수 있어

허리를 굽혀봐

그러면
꽃의 향기를 맡을 수 있어

무릎을 꿇어봐

그러면
꽃과 입맞춤할 수 있어

이종범

"월간시' 추천시인상으로 등단(2017)
유성기업(주) 아산공장장 재직 중

〈시작메모〉
시를 쓰기 시작한 지가 꽤 되었는데도 그동안 써 놓았던 시를 다시 보면 설익은
것 같고 마음에 와 닿지 않는다. 아직 변변한 시집 한 권 출간하지 못한 배경이
그렇기도 하다. 시를 쓴다는 건 참으로 어렵고 힘들다는 것을 시를 쓰면서 느낀다.
내용을 함축하고 비유하고 상징하고 등등 시적 요소를 가미하는 과정도 어렵지만
더욱 시적인 맛을 더하고 표현하고자 하는 시적 감흥을 이미지화하는 과정이
만만치가 않았다. 더욱 시 쓰기를 정진하는 길 밖에는 방법이 없다는 것을 알게
되었다. '공감과 치유' 동인지에 참여하기로 하고 시를 내보이지만 참 숨겨놓은
속내를 드러내보이는 것 같아 부끄럽기도 하다. 그러나 조금씩이나마 시를
내보이지 않는다면 시를 쓰는 의미도 없는 것 아니냐는 생각에 내심
스스로를 위로해 본다.

이웃

아침 출근길에
아래층에 사는 분을 오랜만에
엘리베이터에서 만났다

오랜만이라고 인사를 건네온다
이사 가신 줄 알았다며
요즘 코로나로 어떠시냐고

저희도 어렵습니다
반갑습니다
한동안 안 보이시길래
나도 이사 가신 줄 알았습니다

우리는 모두 이방 땅에서
코로나 팬데믹 같은 환난에
악전고투하는
외로운 사람들

마음속에는 포근한
정을 간직한 사람들

러블리 스틸*

아내와 사랑하는 가족을
까맣게 잊어버린 사람

자신이 고아라고
결혼하지 못한 독신이라고 믿고
그렇기에 너무 외로워
죽으려 한 사람

지난 삶의 기록은 도리어
온전치 못한 그의 뇌 속을
혼돈의 고통으로 몰아갔다

그의 아내의 사랑만이
한순간이나마
절망의 계곡에서 본 희망의 빛

노망난
그를 회복시키려 노력하는
현숙한 그의 아내

병상에 있는 그의 손을 잡고
사랑의 눈으로 바라보는
주름 잡힌 미소가
따스하게 가슴에 닿는다

오늘 밤은 정말 포근하다

*러블리 스틸 : 넷플릭스 영화 제목

삘기

풀 먹이러 네려간

소가 풀을 뜯고

옆에서 은백색 보드라운

삘기의 속을 탐하던

고만 고만한 아이들

입안에서 달짝지근

눈 녹듯 사라지는 삘기

누가 뽑은 삘기가 큰가

시합하던

왁자지껄한 한때가 지나면

아이는 한숨 자고

소도 한숨 쉬는

동구 밖 목초지

난초 수묵화

난초의 곧게 뻗음과
꺾임의 오묘한 미학
묵으로 그릴 때 그 어울림

바람의 손짓
꺾여 있는 난초 잎의 흔들림
바르르 공명하는 마음

쭉 뻗은 꽃대 위에 핀
난초 꽃의 신비한 향기
주위를 맴도는 나비처럼
서성대는 영혼

수묵화에는 난초를 아꼈던
선비의 기개가 묻어나고
숨어있는 부드러움이 느껴진다

선비는 난초를 묵으로 치며
세월을 낚기도 하고
서로 미학을 교감하기도 했으리

고고하고 품위 있는
청빈한 선비 같은
한 폭의 난초 수묵화

메꽃

이른 아침 부는

파스텔 톤 분홍빛 바람

길 가 나지막이

고개 내밀어 살포시 외면하듯

희미한 미소 메꽃

조금은 핏기 없어 보여

여리디여린 꽃

가슴속 움튼 사랑

어쩔 줄 몰라

바람의 곰살스러움에

몸을 배배 꼬는 꽃

화려한 색깔

짙은 향기로 부산을 떠는

여느 꽃과 달리

하늘과 주위를 향해 조용하게

나 여기 있어요 하고

수줍게 알리는 꽃

우리네 여인같이 선한 마음

꽃잎에 아로새긴

아기 옷 메꽃

폭염

문을 열고 나가자
온통 갓 구운 빵처럼 달아있다
길가의 나무도 풀도 축 늘어져
하늘을 향해 머리를 풀고 기우제를 드린다
세상에 열기가 가득해도 또 하루를
움직여야 살아가는
아득한 공사현장 폭염은
이겨내야 할 대상일 뿐이다
유쾌한 마음으로 산으로 들로 바다로 떠나는
휴가는 생각만으로 호사스럽다
작업을 이어가는 순간마다
비 오듯 쏟아지는 땀
가슴이 턱 막히는 숨
하루를 살아내기 위한
한 가정을 건수하기 위한
눈에 맺힌 희망 때문에
이겨야지, 밍밍한 물과 소금을
생명수처럼 들이킨다
하루를 끝내고
자신을 기다린 눈길에 다다르면
몸은 소금 뿌린 배춧잎처럼
흐느적거리지만
옹기종기 모여 먹는 저녁밥이

온종일 견뎌낸 하루
인내의 결정체라는 생각에
숟가락은 더운 밥 위에 돌아눕는다
한동안 가만히
가슴에 따스하게 차오르는
내일을 이기는 힘

정

열 살 때 먼 곳으로 이사 와서
고향 친구가 그리워
오랫동안 몸살을 앓았다
정이 들지 않는 생경한 인정과 사물들은
계속 나를 고향으로 밀쳐내었다
가만히 눈을 감으면
고향마을이
푸른 들과 바람과 봄 햇살이
친구들의 환한 얼굴이
순식간에 다가왔다
꿈길에 만났던 친구들이
아침 해를 따라가버리면
당장이라도 쫓아가고 싶었다

오늘, 오랫동안 함께 하며
정들었던 이들이 떠났다
휑한 빈자리를 보며
남은 자들은 허전한 마음에
자주 그리움이
파도처럼 밀려들겠지
헤어진다는 건
정을 삭히는 것
그것을 잘 곰삭혀
아름다운 추억으로 남기는 것

백발

가맣게 가위소리가 들리자
흰 눈이 풀풀 내렸다
반짝거리며 흰 슬픔이
기억 속에서 뛰쳐나와 푸슬푸슬 휘날렸다
세월이 갈수록 폭설로 변했다
살아가며 만난 좌충우돌했던
참으로 고달프고
어렵고 힘이 들어
어느 땐 영겁처럼 느껴지던
시간의 조각들이
흰 눈처럼 날리며 쏟아져 내렸다
까맣고 숱이 많던 머리카락은
군데군데 듬성듬성
눈 맞은 듯 하얗게 변했다
모진 삶을 이겨낸 흔적
고뇌하고 힘들어했던 시간이
머리카락에 고스란히 각인되어
가위질 소리에 아파하며
한없이 떨어져 갔다
주검처럼 하얗게 나린 분신들
한편으로 모질게 참아 낸
그들이 있기에 오늘
이렇게 성숙하게 살 수 있어
고맙고 고맙다

임하초

세종시 양화리 출생
'월간시' 추천신인상(2016)
시집 〈영혼까지 따뜻한 하늘 우러러보다〉 〈나는 시소를 타고 있다〉
'월간시' '올해의 시인상'(2018)
현재 서울시인협회사무차장

〈시작메모〉
더운 계절도 있고 추운 계절도 있다. 싹이 나는 때와 열매가 익어 떨어지는 간극이 그리 멀지 않다. 내 기억으로는 엊그제 더위를 기억하고 있는데 곧 긴 옷을 꺼내야 한다. 긴 옷을 넣어 두면서 하던 얘기가 아직 쟁쟁한데 여름옷을 개켜야 한다. 추억만 켜켜히 쌓이는 것이 삶인가 보다. 오는 사람도 있고 가는 사람도 많다. 온 사람 기운을 다 알지 못하는데 간 사람의 기운은 서둘러 빠지고 그리움으로 채우고 있다. 그리움은 아픔이다. 나를 괴롭게 한다. 미안함 때문인 듯하다. 가을은 그리움이 더 깊어지는 계절로 아픔이 추위를 깊게 할 것이다. 소소한 얘기가 추위를 이겼으면 좋겠다. 나를 위로하려, 당당하려, 추억을 아름답게 하려 몇 편의 시를 읽는 이 가을이 좋다.

나는 시소를 타고 있다

발 디딤을 빗어난 시소의 평형은
평온이 아닌 구속인 줄 모르는 듯
제풀에 신나서 꽃을 던지는 남자
받지 않을 수 없다
그냥 웃자고 하는 것이란다

풀꽃은 곧 시들어 더미 되는데
그의 호의에 호들갑스럽게 웃었더니
혼이 빠지게 좋아하는 줄 안다
꽃가루 때문에 허당 웃음 한 건데

희열을 맛보며 호흡 조절하다가도
짧은 멀미가 몰려와
선한 웃음이 사그러지고
입술의 평형은 어그러지고

투박한 어투로 방마다 쟁여 놓은
남자의 말을 꺼내와서
거실 빛살에 시소 타면서 평형을 맞춰 본다

그도 참고 살았던 것이었나
그의 호탕한 웃음은 진심이었나
올라가지 않는 시소에 앉아있으니
가장 시린 곳은 눈이다

구슬봉이꽃

고마워요 한 마디로 다 담을 수 없지만
구슬봉이꽃처럼 소박한 몸짓이죠

미안해요 말하며 방문을 닫는 소리
동굴 속 얼음 깨지듯 가슴 따뜻해지고

사랑해요 소리가 하늘의 축복인 양
쉽게 말하지 못해 아직 곱씹는 중인데

당신을 만나 외로움이 커진 것이 아닌
당신과 살아서 마음이 아픈 것도 아닌

누구나 늙고 병들고 죽어가는
그 길로 가는 중인 걸 알면서

도끼 같은 모진 소리로 가슴은 조각나고
날카로운 눈빛에 핏물 흐름이 당신 때문인 듯

바위 그늘에 숨은 이끼처럼 서럽고
천둥소리의 경련을 혼자 달래는 저녁입니다

가슴 뛰는 소리를 들려주던 사이였고
뜨거운 마음 거침없던 애증의 시간

하늘이 맺어 준 특별한 인연인 걸
내 눈에 담아 둘 사랑으로 확인하죠 부부라면요

감꽃은 왜 당당한가

좋은 거 두 개 가졌다면
괴로움과 번뇌도 두 개씩 있어
좋아서 웃으려다
아파서 곧 울어야 하는

자랑거리 하나 자랑하다가
수치심 두 개 들통나서
깊이 감추는 손도 우습다

눈물 고여 있어도
낯빛은 웃듯
주저앉을 발목 대신
힘주는 손목 때문에 일어선다

장미꽃보다
향기도 크기도 발전하지 못한 감꽃이
익을 홍시로 자랑할 날 있어서인지
반지만 한 왕관 꽃 당당히 떨구는 모습
올해도 기울지 않아 눈길 간다

전월산 바람

전월산 바람 되어
큰 골 안 진달래꽃 한 아름 안아보고
텃밭 가 장다리 꽃의 나비와
냉이꽃을 기다릴래요
거기 봄바람 되어
담 벼락 기댄 살구 꽃 맞이할래요

금강의 바람 되어
강둑의 개망초에 소낙비 쏟아지면
어미소랑 비를 맞으며
무지개로 날아가는 황새 바라볼래요
거기 따스한 바람 되어
우렁이 커가는 들길 걸어갈래요

다시 들길 바람 불어와
노란 은행잎 장독대에 쌓이면
담장 너머 홍시 익어가고
뜨락에 서성대는 아쉬움 안아줄래요
거기 소슬바람 되어
아버지의 시를 읽어 볼래요

해 질 녘 바람 되어
은하수처럼 쏟아지는 하얀 눈
목화솜 되어 집집마다
고은 꿈꾸도록 덮어 줄래요
거기 머문 바람 되어
평화의 바람으로 기도할래요

봄꿈

촘촘하게 꽉 찬 겨울에서
바늘구멍 사이로
새싹이 본 공간

하늘 무너져 내릴 추위도
여린 새싹 한 잎 솟으면
흔적 없이 사라진다

어떤 꿈을 꾸어도 좋은
욕심껏 안아도
더 많이 남은 공간

봄 꿈은 나무가 되고
새가 오고
사람들이 노래하는 꿈뿐이다

사과와 시인

밤낮없이 잎새의 놀림과 때림 참고
햇빛의 노출량과 센 태풍의 할큄에서
껍데기는 속살 위해서 온몸으로 견딤은

예쁘다 우리 아기 사과같이 예쁘다
할머니가 손주에게 사과 하나 건넬 때에
마지막 빛을 더하여 눈 마주칠 때처럼

흠집 없이 가을을 만나는 건 기적이지
대항보다 견딤으로 맞이하는 밝은 여유
가을엔 시인이 된다 사과 껍질 벗기며

옷장

연둣빛 실루엣을 아지랑이 위에 펴고
큼직한 꽃들로 장식하고
향기 덧발라 걸치고 인기척 유혹하는 것일까
잘 차려입은 사람들이 늘어난다

나목에 입혀지는 옷은
속옷부터 화려하고 완벽하다
어떤 부자라도
한번 입은 옷을 다시 입지 않고
아침마다 새 옷을 입을까

철 지나면 옷장에 두지 않고
다 벗어 놓고 저만치 가는데
난 무거운 외투 움키고
급히 계절의 꽁무니만 따라가고 있다

가을이 처음 올 때

차분한 떨림으로 온다
귀뚜라미 소리처럼

눈부신 여름의 속살 무를 때까지
기러기 울음 따라서 천천히 온다

눈 시리지 않게 온다
하늘도 멀찍이 떨어져서

어울림 되려
영롱한 서릿발에서 사치를 부린다

마른 꽃대에 기대어 온다
석양의 은은함을 바라보며

닫힌 창문까지
사랑스러운 쓸쓸함이 다가올 때
눈물로 뒤척일 새벽
아픈 가을이 처음 오려 한다

홍찬선

충남 아산 출생(1963)
'시세계' 시 등단(2016) '한국시조문학' 시조 등단(2016)
'연인' 소설 등단(2019) '연인' 희곡 등단(2020)
시집 <틈> <길> <삶> <얼> <품> <꿈> <아름다운 이 나라 역사를 만든 여성들>
<서울특별詩1, 2> <독도연가> 등 13권
자유민주시인상 최우수상(2020), '월간시' '올해의시인상'(2021)

〈시작메모〉

가을은 그리움이 사랑으로 익는 계절입니다. 문득 귀뚜라미 노래가 들리면 별똥별을 올려보고, 들국화 향기를 맡으면서 잊었던 사랑을 생각합니다. 한여름 밤에 퍼붓는 장대비를 헤치며 수멍을 막고 물꼬를 트러 가던 엄마 아버지의 모습도 눈에 선합니다. 발길 끊긴 임진강 초평도를 멀리서 바라보면서 이산가족의 아픔을, 반지하의 삶과 함께 느낍니다. 가을을 맞으며 허릅숭이가 아니라 고개 숙이는 벼 이삭에게 배우며 살아야겠다고 다짐합니다. 그러는 사이에 코로나도 물러갈 것으로 믿습니다.

수멍

아부지는 엄마에게 앞서라고 했다
한여름 한밤중에 느닷없이 쏟아지는 장대비로
불어난 시냇물이 들이닥쳐 논둑 터지지 않게
수멍 막고 물꼬 트기 위해 집을 나설 때
겁 많은 아부지는 엄마를 앞세웠다

엄마는 후들거리는 다리를 달래고
아부지 숨소리 들으며 소름으로 걸었다
어둠이 빗줄기와 함께 코앞도 볼 수 없게 심술부려도
논둑 터지면 서너 달 피땀 흘린 한해 농사 망치기에
식은땀을 빗물에 감추며 대문을 열었다

오로지 삽 한 자루에 무서움을 기대고
오로지 삵괭이 두 눈 서슬을 횃불 삼아
용와골을 넘어 구레를 거쳐 저탈을 돌고
황생모랭이까지 지나는 두어 시간 동안
머리는 텅 비었고 가슴만 쿵쾅쿵광 뛰었다

엄마네한식당*

오늘 점심은
엄마네한식당에서
엄마와 함께 먹었다

콩자반에 엄마 미소가
고등어조림에 엄마 눈물이
오이냉국에 엄마 웃음이
동치미에 엄마 손맛이
열무김치에 엄마 광주리가
멸치고추볶음에 엄마 손길이
미역국에 엄마 마음이

새록새록 피어나
접시에 잔뜩 담아
백야白冶의 추임새 곁들여
엄마와 함께 먹었다

*엄마네한식당 ; 백야(白冶) 김좌진(金佐鎭, 1889~1930) 장군 생가 가는 길 옆에 있다. 충남 홍성군 갈산면 상촌리 373-4.

허릅숭이

귀가 순해진다는 예순을 앞두니

윤똑똑이라고 여겼던 이십대와
겉똑똑이임을 몰랐던 삼십대와
허릅숭이에 불과했던 사십대와
어림쟁이로 세상몰랐던 오십대가
말 타고 보는 풍경처럼 스쳐가고
어리보기로 육십 대와 칠십대를
살아야 하는 건가 하는 생각이…

난 날이 봄이라 봄을 타는가 보다

사랑이여

할아버지가 시장에 간 사이
함께 초원을 뛰놀던 말이
높은 열이 나며 괴로워하자
소년이 밤새 물을 먹이며 간호했습니다.

몸과 마음을 다해 말을 사랑했다며
울부짖는 소년에게 할아버지는
열날 때 말에게 물을 줘서는 절대 안 된다며
말 방식대로 사랑했어야 했다고 나직이 말했습니다

다리가 불편했던 한 부잣집 외동아들과
안내양이 매일 버스에서 만나며
자연스럽게 연인이 되었습니다

대학생 부모가 그녀를 찾아가
가난하고 무식한 촌년이
남의 귀한 아들을 넘본다며 생난리쳤습니다

그녀는 회사를 그만두었고
한 달 동안 갇혀있던 청년이
그녀의 고향 집으로 찾아가니
그녀의 무덤이 기다리고 있었습니다

그는 울부짖으며 그녀 무덤 옆에 누웠습니다
그의 왼쪽 가슴 주머니에는 한 편의 시가
부모식 외아들 사랑을 고발하고 있었습니다

별처럼 아름다운 사랑이여
꿈처럼 행복했던 사랑이여*

*1980년대 후반, 많은 사람들의
심금을 울렸던 유심초의 〈사랑이여〉 시작 부분

별똥별

달님도 잠자러 간 한밤중에
아랫배가 무거워 문득 깨어
마당 위 하늘을 올려다보면
꿈이 뒷동산에 도란도란 떨어집니다

설익은 깸과 꿈이 아파서였을까요
별들이 흘린 눈물이 미리내 되어
금방이라도 삼킬 듯 쏟아지고
가위 가슴이 총 총 총 저밉니다

그 꿈이 피어나는 까만 눈동자를
놀려먹기에 재미 붙였나 봅니다
꿈들이 밤마다 꼬리에 불붙이고
코흘리개를 마당으로 불러내네요

한 살 한 살 불어난 아이가
이젠 그 불덩이를 겁내지 않고
아주 일찍 하늘로 소풍 떠난
엄마 아부지를 보여 달라고 빕니다

전깃불에 어둠이 놀래 도망갔듯
꿈들도 별빛 따라 꼭꼭 숨었는지
소원이 가다 신호를 잃어버렸는지

손바닥 화끈거려도 눈앞이 휑하네요

오늘 밤 하늘이 열리는 때부터
땅이 깨어나고 사람도 일어날 때까지
꿈들이 시우時雨처럼 시우詩友됩니다
그 꿈을 맞으며 그 사람을 듣습니다

들국화

사람에게 보여주기 위해
짧아지는 가을볕을 담아
듬뿍 피는 것이 아닙니다

꿀벌에게 나머지 숙제하라고
가을의 나머지 향기를 모아
노랗게 피는 것도 아닙니다

오로지 순수한 사랑 펼치려고
속으로 갖고 있는 모든 것을
얼굴 노래지도록 뿜어낸 짝사랑,

얼음새꽃 개나리 감꽃 은행으로
이어지는 노랑의 관세음보살이
술로 전으로 떡으로 향긋한 차로

몸과 마음을 흠뻑 달여 내
위와 장을 편하게 달래주고
감기와 눈 질환을 고쳐줍니다

초평도*

너의 가슴도 터졌을 것이다
사람 손길이 그리워
목 길게 빼고 귀 쫑긋 세워
발자국 소리 기다리다 지쳐
하루하루의 그리움이 쌓여

너의 다리도 후들거렸을 것이다
샛바람 불면 봄나들이 할까
비가 오면 물꼬 보러 올까
눈발 날리면 장독 살피러 올까
설렘에 앉지도 못하고 곧추 서서

너의 마음은 날아갔을 것이다
세 해 같은 하루가 2만5천여 날이 흘러
사람 떠난 집에 너구리가 둥지를 틀고
발길 끊어진 논밭은 철새들 사랑터로 바뀌어
까맣게 터진 가슴도 둥그렇게 컸을 것이다

*초평도(草坪島) : 파주시 문산읍 장산리 임진강 안에 있는 섬.
6.25전쟁 전까지 농사를 지었으나 휴전 뒤 민통선에 포함돼
54만평(올림픽공원 44만평, 여의도 95만평)이 철새와 야생동물 및
야생화의 천국이 되고 있다.

반지하

장대비는 불공정했습니다
미운 지역만 골라 집중적으로 쏟아부었고
자위능력이 떨어지는 반지하를 초토화시켰습니다

반지하는 억울했습니다
내가 원해서 만든 것도
내가 바라고 사는 것도
아닌데
소리 없는 손가락질이 집중되었습니다

행정은 무책임했습니다
사정을 헤아리지도 않은 채
덜컥 발표하더군요
반지하를 주거용으로 쓰지 못하도록 한다고요

속 터지는 건 반지하, 우리들이었습니다
40년 전 반지하 삶이 새록새록 떠올라
속절없이 폭포비를 견뎌야 했습니다

시와함께 | 09 | 공감과 치유 5집

슬픔은 나의 힘

제1쇄 인쇄 2022. 11. 25
제1쇄 발행 2022. 11. 30

지은이 김병준, 김애란, 김영아, 김영희, 김충석, 박이영, 손진원,
　　　신남춘, 안정윤, 이정수, 이종범, 임하초, 홍찬선
펴낸이 서정환
엮은이 민윤기
펴낸곳 문화발전소
서울시 종로구 삼일대로 32길 36 운현신화타워 305호
'월간시' 편집국 : 서울시 종로구 종로19(종로 1가) 르메이에르 종로타운 B동 1416호
Tel 02-742-5217 Fax 02-742-5218

ISBN 979-11-87324-99-7 04810
ISBN 979-11-87324-35-5 (세트)

정가 10,000원

ⓒ 2022문화발전소
PRINTED IN KOREA

*저자와의 협약에 따라 인지는 생략합니다.
*파본 및 제본이 잘못된 책은 구입서점에서 교환하여 드립니다.
*이 책은 저작권법에 의하여 보호받는 저작물이므로
　이 책의 전부 또는 일부를 재사용하려면
　반드시 문화발전소와 저자의 허락을 받아야 합니다.